ERICH K

DER KLEINE GRENZVERKEHR

Bearbeitung von: Gisela Betke Nielsen
Illustrationen: Oskar Jørgensen

GEKÜRZT UND VEREINFACHT FÜR
SCHULE UND SELBSTSTUDIUM

Diese Ausgabe, deren Wortschatz nur die
gebräuchlichsten deutschen Wörter umfasst,
wurde gekürzt und in der Struktur vereinfacht
und ist damit den Ansprüchen des Deutsch
Lernenden auf einer frühen Stufe angepasst.

**Dieses Werk entspricht den
Regeln der reformierten
Rechtschreibung.**

Herausgeberin: Ulla Malmmose

Umschlagfoto: Visa Image/Polfoto

Copyright © by Atrium Verlag Zürich
Copyright © 1986 EASY READERS, Copenhagen
- a subsidiary of Lindhardt og Ringhof Forlag A/S,
an Egmont company.
ISBN Dänemark 978-87-23-90247-4
www.easyreaders.eu
The CEFR levels stated on the back of the book
are approximate levels.

Easy Readers

EGMONT

Gedruckt in Dänemark

ERICH KÄSTNER
(1899-1974)

Erich Kästner, einer der beliebtesten Schriftsteller Deutschlands, wurde durch seine Kinderbücher, die er für Kinder von 9 bis 90 Jahren schrieb, bekannt. Er hat sich aber auch durch seine Lyrik einen Namen gemacht. Ursprünglich wollte er Volksschullehrer werden, wurde dann aber nach seinem Studium der Philosophie, Germanistik, Geschichte und Theaterwissenschaft Journalist und später freier Schriftsteller.

Mit seinen lyrischen Werken, seinen Romanen und anderer Prosa trat er als ernsthafter Moralist und Satiriker hervor. Seine Erzählungen sind humorvoll und zeitnah, sein Ton ist oft scharf. Ihm lag daran, die Missstände der Dreißigerjahre bloßzustellen: die Unmoral, die Lüge und die Verfälschung der sittlichen Werte, insbesondere während des Hitler-Regimes.

1957 wurde Erich Kästner mit dem Büchner-Preis, der alljährlich einem deutschen Schriftsteller von der Deutschen Akademie für Sprache und Dichtung verliehen wird, ausgezeichnet.

Werke des Autors

Kinderbücher: Emil und die Detektive, 1928; Pünktchen und Anton, 1931 ; Das fliegende Klassenzimmer, 1933; Das doppelte Lottchen, 1949; Gedichtsammlungen: Herz auf Taille, 1927; Lärm im Spiegel, 1929; Ein Mann gibt Auskunft, 1930; Gesang zwischen den Stühlen, 1932; Doktor Erich Kästners Hausapotheke, 1936.

Romane und andere Prosa: Fabian, 1931; Drei Männer im Schnee, 1934; Die verschwundene Miniatur, 1935; Der kleine Grenzverkehr, 1938; Der tägliche Kram, 1948; Die kleine Freiheit, 1952; Als ich ein kleiner Junge war, 1957; Notabene, 1961.

Inhalt

Der kleine Grenzverkehr
oder Das Salzburger Tagebuch
des Georg Rentmeister

hic habitat felicitas

Die Vorgeschichte

Berlin, Ende Juli 1937

Karl hat mir aus London geschrieben und fragt, ob ich
Mitte August nach Salzburg kommen will. Er ist vom
Leiter der Salzburger Festspiele eingeladen worden,
sich einige *Aufführungen* anzusehen. Man hat ihm für 5
jedes Stück zwei Karten versprochen. Ich war lange
nicht im Theater und werde fahren.

---

hic habitat felicitas, hier wohnt das Glück
die Aufführung, das Spielen eines Theaterstückes

Da Salzburg in Österreich liegt, muss ich die Grenze überschreiten. Wer zurzeit die Grenze überschreitet, darf pro Monat höchstens zehn Mark mitnehmen. Nun habe ich mathematisch *einwandfrei* festgestellt, dass ich in diesem Fall an jedem Tag genau 33,3333 Pfennig ausgeben kann, noch genauer 33,333333 Pfennig. Ein bisschen wenig! Ich muss noch heute ein *Devisengesuch* abschicken und um die *Bewilligung* einer größeren Summe bitten.

Berlin, Mitte August

Karl ist schon seit einigen Tagen in Salzburg und hat, da er ungeduldig ist, telegrafiert. Er will wissen, warum ich noch nicht da bin und wann ich wohl eintreffe.

Ich habe sofort die Devisenstelle angerufen und mich erkundigt, ob ich bald mit einer Antwort auf mein Gesuch rechnen könne. Man verzeihe meine Neugier, aber die Salzburger Festspiele gingen am 1. September zu Ende. Der Beamte hat mir wenig Hoffnung gemacht. Er meinte, es gebe schließlich wichtigere Anträge als die von Vergnügungsreisenden!

Immerhin habe ich aber schon die Erlaubnis der Passstelle: Ich darf für vier Wochen nach Österreich reisen!

Doch was nützt mir das, wenn ich nur zehn Mark mitnehmen kann?

---

einwandfrei, ohne Fehler
die Devisen, das ausländische Geld
das Gesuch, der Antrag
die Bewilligung, die Erlaubnis

Berlin, 19. August

Karl bombardiert mich mit Telegrammen. ob ich glaubte, dass die Festspiele meinetwegen verlängert würden! Er sei bereit, mit Toscanini wegen einer Verlängerung zu verhandeln. Ich müsse nur noch 5 Bescheid geben, wann ich kommen wollte, im November oder erst im Dezember.

Was kann ich tun? Die Devisenstelle hat noch nicht geantwortet. Ich wage nicht, schon wieder anzurufen. Die Leute haben schließlich andere Dinge im Kopf als 10 meine Ferien.

Mein Freund Erich hat mich auf eine Idee gebracht, die nicht schlecht ist: Ich werde mit dem Hotel Axelmannstein in Reichenhall telefonieren und ein Zimmer mit Bad bestellen. Ich kenne das Hotel von früher. 15 Sehr komfortabel mit Golfplatz, Schwimmbad und Tennisplätzen. Alles im Hause!

Meine Sekretärin besorgt die Fahr- und Schlafwagenkarte. Sie soll mir auch die Antwort der Devisenstelle nachschicken. 20

Heute Abend kann die Reise losgehen!

Der Plan

Im Schlafwagen, 19. August

Mir ist *verschmitzt* zumute. Es ist Nacht. Der Zug donnert durch Deutschland. Ich liege im Bett, trinke eine halbe Flasche Rotwein, rauche und freue mich auf 25 Karls dummes Gesicht.

Er wird kein klügeres Gesicht machen als der alte

---

verschmitzt, humorvoll, lustig

Rechtsanwalt Scheinert, den ich am Bahnhof traf. »Hallo, Doktor«, rief er, »wohin fahren Sie denn?«

»Nach Salzburg!«, antwortete ich.

»Nach Salzburg? Sie Glücklicher! Wo werden Sie
5 denn wohnen?«

»In Reichenhall!«

Der gute Mann hatte noch nie ein sehr kluges Gesicht, doch jetzt sah er wirklich wie ein Schaf aus.

In Österreich ins Theater gehen, in Deutschland
10 essen und schlafen. Die Ferien versprechen lustig zu werden! In meinem alten Schulatlas habe ich gesehen, dass Reichenhall und Salzburg keine halbe Bahnstunde auseinander liegen. Eisenbahnverbindungen sind vorhanden. Mein Pass ist in Ordnung. So werde ich
15 denn im so genannten kleinen Grenzverkehr hin- und herfahren.

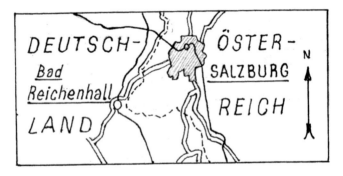

In Reichenhall werde ich als *Grandseigneur* leben, in Salzburg als *Habenichts*. Jeden Tag werde ich der eine und der andere sein. Welch komödienhafte Situation!

---

der Grandseigneur, ein vornehmer, reicher Herr
der Habenichts, ein armer Mann

Und da haben die Leute Angst, die Welt könnte unromantisch werden!

Die Flasche ist leer. Darum mache ich meine Augen zu.

Im Speisewagen, 20. August

Das Frühstück ist die schönste Tageszeit. Der Schnellzug eilt durch die bayrischen Berge. Die Bauern arbeiten auf den Feldern. Die Sommerlandschaft dreht sich um uns wie eine Platte auf Gottes großem Grammophon.

Wir haben Freilassing passiert. Die nächste Station heißt Reichenhall.

Der kleine Grenzverkehr

Reichenhall, 20. August, abends

Eben bin ich aus Salzburg zurückgekommen. Mitternacht ist vorbei und ich sitze in meinem Hotel und trinke ein Bier.

Vor sechs Jahren war ich zum letzten Mal in Salzburg. Doch als Karl und ich heute Mittag im Garten des »Stiegibräus« saßen und auf die Stadt der streitlustigen und kunstsinnigen *Erzbischöfe* hinunterschauten, war ich von neuem *überwältigt*. Auch Schönheit kann überwältigen.

Der Blick auf die durch *Portale* und *Kolonnaden* miteinander verbundenen *Paläste* und auf die vielen ver-

---

der Erzbischof, ein hoher Beamter der katholischen Kirche
überwältigen, hier: großen Eindruck machen
das Portal, die Kolonnade, siehe Zeichnung auf Seite 10
der Palast, das Schloss

9

das Portal

die Kolonnade

schiedenen Türme und Dächer ist hier in Salzburg –
nördlich der Alpen einzigartig.

Kein Wunder! Diese geistlichen *Fürsten*, die Salzburg schufen, bauten eine italienische Residenzstadt.
5 Die Harmonie der verschiedenen Farben und Farbtöne
vollendet, was eigentlich keiner Vollendung *bedarf*.
Die Dächer leuchten grün, grau und rot. Darüber *ragen*
die Türme des *Doms*, das dunkelgraue und weinrote
Dach der Franziskanerkirche, die altrosa Türme der
10 Kollegienkirche mit ihren Heiligenfiguren, der
graugrüne Turm des »Glockenspiels« und andere rote
und grüne *Kuppeln* und Türme. Man sieht eine Farben-
symphonie!

die Kuppel

Karl erzählte mir, dass Wolf Dietrich von Raitenau,
15 einer der kampflustigen Renaissancefürsten, die sich
Erzbischöfe nannten, um das Jahr 1600 das alte
Münster und über hundert Wohnhäuser abreißen ließ.
Er wollte einen neuen Dom bauen und holte einen

---

der Fürst, der Herrscher eines kleineren Reiches
bedürfen, nötig haben
ragen, höher sein
der Dom, die Hauptkirche
das Münster, der Dom

berühmten Baumeister aus Italien, der mit dem Bau begann. Dann *stockte* das Bauvorhaben. Wolf Dietrich wurde nämlich auf der Hohensalzburg, seiner eigenen *Festung*, bis zu seinem Tod von den Bayern, seinen Feinden, gefangen gehalten. Markus Sittikus von 5 Hohenems, sein Vetter und Nachfolger, holte einen anderen italienischen Baumeister. Der riss einen neuen Baugrund heraus und fing von vorn an. Erst unter der Regierung des nächsten Erzbischofs, des *Grafen* Paris Lodron, wurde der Dom vollendet. 10

Das war im Jahre 1628, also im Dreißigjährigen Krieg, der Salzburg überhaupt nicht berührte.

Diese drei Herrscher schufen die architektonische Vollkommenheit Salzburgs. Ihre Nachfolger, die im Barock und Rokoko lebenden Kirchenfürsten, brauch- 15 ten diese Vollkommenheit nur noch räumlich *auszubreiten*. Außerhalb der Stadt bauten sie für ihre *Mätressen* Schlösser, schufen Parks und Lustgärten mit steinernen Tieren und mythologischen Figuren.

Als Salzburg fertig gebaut war, holten die Erz- 20 bischöfe andere Künste aus Italien: die Musik und das Theater. Der erste *Kapellmeister* war immer Italiener. Noch Mozarts Vater brachte es nur bis zum zweiten Kapellmeister.

der Kapellmeister

---

stocken, anhalten
die Festung, ein großes Verteidigungsgebäude
der Graf, der Titel eines Schlossherrn
ausbreiten, größer machen
die Mätresse, die Geliebte einer höher gestellten Person

Karl will mir nächstens das »Steinerne Theater« zeigen, das Marx Sittich in Hellbrunn bauen ließ. In diesem Felsentheater, das mitten im Wald liegt, wurden die ersten italienischen Opern auf deutschem Boden
5 aufgeführt.

Salzburg ist zum Schauplatz des Theaters geboren. Es ist kein Zufall, dass jetzt – im 20. Jahrhundert – die Salzburger Festspiele internationalen Ruhm haben. Ob man vor Jahrhunderten im Steinernen Theater die
10 ersten europäischen Opern spielte oder ob man heute vor dem Dom und in der Felsenreitschule Theaterstücke von Hofmannsthal und Goethe aufführt, diese Stadt war schon immer und ist noch heute mit dem Spiel*trieb* eng verbunden.

15 An unserem Tisch im »Stiegibräu« saßen *Einheimische*. Sie sprachen über das Theater, als seien sie Kritiker vom Fach. Sie debattierten und diskutierten und verglichen die Schauspieler des »Jedermann« miteinander und sie waren sich einig, dass der Schauspieler M.
20 am schönsten gestorben sei.

Nun liege ich im Bett und studiere eine Salzburger Zeitung. Die Redaktion teilt mit, dass über 60.000 Fremde in Salzburg sind und dass diese Fremden etwa 15.000 Autos mitgebracht haben. Wenn man daran denkt, dass in einem Wagen durchschnittlich drei bis
25 vier Personen sitzen, so bin ich zweifellos der einzige Fremde, der nicht mit dem Auto angekommen ist.

---

der Trieb, das starke Verlangen
der Einheimische, der in seiner Heimat lebende Mensch

12

Ich fahre mit dem Autobus. Er hält in Reichenhall vor meinem Hotel und ist – trotz zweier Passkontrollen – eine halbe Stunde später auf dem Residenzplatz in Salzburg.

Die zehn Mark, die ich in einem Monat drüben ver- 5 leben darf, habe ich heute bereits ausgegeben. Ich habe alles gekauft, was ich gesehen habe: *Mozartkugeln*, Ansichtskarten, *Brezeln*. Sogar englische Gummibonbons! Ab morgen bin ich – auch wenn ich nur eine Tasse Kaffee trinken will – ganz und gar von Karl 10 abhängig.

Da wir morgen zum »Faust« gehen, habe ich schon heute meinen *Smoking* über die Grenze transportiert und zu Karl gebracht. Er wohnt im »Höllbräu«, einem wunderbaren, alten Gebäude. Man muss über viele 15 schmale, *ausgetretene* Treppen klettern, bis man in das kleine Zimmer kommt. Nun hängt mein Smoking also in Österreich. Ob er sich nach mir sehnt?

 die Brezel

 der Smoking

Morgen Mittag will ich mich im Café »Glockenspiel« mit Karl treffen. Ich werde keinen Pfennig Geld, 20 aber ein fürstliches Lunchpaket mitnehmen. Das darf man!

Karl will morgens im »Mirabellgarten« zeichnen. Er

---

die Mozartkugel, mit Nugat und Marzipan gefüllte Schokolade
ausgetreten, vom vielen Benutzen schief geworden

13

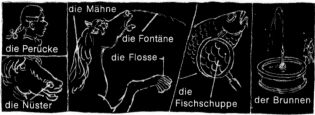

die Mähne
die Perücke
die Nüster
die Fontäne
die Flosse
die Fischschuppe
der Brunnen

malt und zeichnet wie ein Verrückter. Er ist in einem heiteren Zustand und das hat Salzburgs Schönheit bewirkt!

Als mein Autobus um elf Uhr nachts vom Residenz-
5 platz losfuhr, stand Karl noch immer vor dem Postamt und malte den *Hofbrunnen*, dieses italienische Meisterstück aller Brunnen: die vier steinernen Pferde mit

14

ihren *Flossen* und *Fischschuppen* und mit ihren *Mähnen*,
die wie *Perücken* aussehen; die *Fontänen*, die aus den
Nüstern der Pferde herausschießen und im künstlichen
Licht silbern glänzen; und im Hintergrund der
schweigsame Dom und die Vorderseite des noch ver- 5
schwiegeneren Schlosses!

Gute Nacht, Herr Malermeister!

Das große Ereignis

Reichenhall, 21. August

Die Nacht geht vorbei und ich habe nicht geschlafen.
Wie ein Verrückter bin ich durch die nächtlichen 10
Straßen gerannt. Zum Bahnhof und zurück. Die Salzburger Straße entlang und wieder zurück. Im Hotel saß
ich zehn Minuten. Dann lief ich wieder hinaus, setzte
mich irgendwo auf einen Stein ...

Dass mir das passieren musste! 15

Ich bin verliebt! Ein bisschen verliebt wie ein
Schuljunge, das wäre ja nicht so schlimm! Aber verliebt wie eine ganze Klasse? Ich bekomme keine Luft,
wenn ich an das Mädchen denke. Und ich denke
unaufhaltsam an sie! Mir ist zum *Ersticken*! Ein schreck- 20
lich herrlicher Zustand!

Als ich mittags in Salzburg ankam, war Karl noch
nicht im Café. Meine Brieftasche lag in Reichenhall
und ich ging ohne einen Pfennig – wie das Gesetz es
befahl – in die kleine Michaeliskirche und schaute sie 25

---

unaufhaltsam, ohne aufzuhören
ersticken, keine Luft bekommen

15

mir an. Als ich aus der Kirche trat, goss es in Strömen. Ich rannte ins Café »Glockenspiel«, bestellte einen Kaffee, las eine Zeitung nach der anderen und wartete auf Karl. Ich *saß auf Kohlen*. Der Kaffee war getrunken und der Ober – so schien es mir – *umschlich* mich wie ein Polizist.

Was sollte ich tun, wenn Karl nicht kam? Die verabredete Zeit war längst vorbei. Es hatte keinen Sinn, länger zu warten. Mir blieb nichts anderes übrig, als einen der Gäste zu bitten, meinen Kaffee zu bezahlen. Da hatte ich die romantische Situation, die ich mir so schön *ausgemalt* hatte!

Ich sah mir die Gäste an. Wer könnte einen Fremden zu einer Tasse Kaffee einladen, die er bereits getrunken hatte?

Und da sah ich sie! Sie heißt Konstanze. Kastanienbraunes Haar hat sie und blaue Augen. Aber auch wenn es umgekehrt wäre, wäre sie vollkommen.

Wahrscheinlich hatte sie die Unruhe, mit der ich auf jemanden wartete, beobachtet. Und nun blickte sie *belustigt* zu mir herüber. Wenn sie nicht gelächelt hätte, dann ... ja dann ... Aber ihr Lächeln!

Ich stand auf, ging zu ihr herüber, gestand ihr meine Notlage und bat sie, mich zu bedauern und mir zu helfen.

Sie lachte! Oh, welch eine musikalische Stadt Salzburg ist! Sie lachte und forderte mich zum Sitzen auf. Sie bezahlte den Kaffee und lud mich zu einer zweiten

---

auf Kohlen sitzen, ungeduldig und nervös warten
umschleichen, leise und langsam herumgehen
sich ausmalen, sich in der Fantasie vorstellen
belustigt, Spaß an etwas haben

Tasse ein. Ich weiß, dass ich das *abschlug*. Was wir sonst geredet haben, weiß ich nicht. (Es gibt keinen Zweifel: Verliebtheit gehört in das Gebiet des akuten Verrücktseins.)

Dann *brach* sie *auf*. Selbstverständlich kam ich mit. Wir machten Besorgungen: erst auf dem Marktplatz vor der Kollegienkirche, dann in der »Getreidegasse«. In einer Bäckerei kaufte sie zwei *Lebkuchenherzen*. Die aßen wir auf der Straße. Ich trug ihr Einkaufsnetz und mein Lunchpaket. Dann verabschiedete sie sich. Sie versprach, morgen wieder ins »Glockenspiel« zu kommen.

das Lebkuchenherz

Ja und dann gab ich ihr einen Kuss! Zwischen Hunderten von Menschen! Von allen Sprachen der Welt umgeben! Ich kannte sie kaum und gab ihr einen Kuss! Ich konnte gar nicht anders. Mir war, als gäbe ich ihn dem Schicksal, das mich zu ihr geführt hatte.

Eben noch hatte sie gelächelt. Nun war sie ernst. So ernst wie ich.

So war es gewesen. – Karl traf ich dann in seinem Zimmer im »Höllbräu«. Er hatte im Café Tomaselli auf mich gewartet. Es war ein Missverständnis gewesen! Weiter nichts! Ein Missverständnis!

Ich zog meinen Smoking an. Später aß ich im

---

abschlagen, ablehnen
aufbrechen, losgehen

»Bräustübl«, was man mir in Deutschland mitgegeben hatte: gekochte Eier, Wurstbrote, *Weintrauben* und *Pfirsiche*.

die Weintraube   der Pfirsich

Die Kellnerin brachte unaufgefordert Teller, Messer
5 und Gabeln. Bauern, Chauffeure, Theaterbesucher, alle sitzen in diesen Bräustuben an ungedeckten, *gescheuerten* Tischen und essen das mitgebrachte Brot. Mein Bier bezahlte Karl.

Die »Faust«-Aufführung hat mir nicht besonders
10 gut gefallen, aber das lag wohl an meiner Stimmung. Man hat die um 1700 angelegte und in die Felsen *gemeißelte* Reitschule zu einer *Freilichtbühne* umgebaut. Die Schauplätze liegen manchmal über-, manchmal nebeneinander. Die Scheinwerfer beleuchten manch-
15 mal hier, manchmal da ein Bühnenbild. Die Entfernung zwischen den Bühnenbildern ist oft so groß, dass ich den Eindruck hatte, die Schauspieler müssten sich beeilen, um rechtzeitig von einer Szene zur anderen zu kommen.

20 Warum spielt man eigentlich Goethes »Faust«? In der Pause hörte ich ein Gespräch zwischen einer Amerikanerin und einem Amerikaner. Sie sprachen über den Eindruck, den das Stück auf sie gemacht hatte.

---

scheuern, mit Wasser, Seife und Bürste reinigen
meißeln, aus Steinen herausschlagen
die Freilichtbühne, das Theater unter freiem Himmel

18

»Do you understand a word?«, fragte sie.

Und er antwortete: »No.«

Nach der Pause begann es zu regnen. Über den Zuschauerraum wurde eine *Plane* gerollt. Als nun der Regen auf dieses Zeltdach *prasselte*, war es unmöglich 5 geworden, Goethe zu verstehen. Faust machte den Mund wie ein *Nussknacker* auf und zu. Gretchen und Mephisto wurden nass und durften keinen Regenschirm benutzen.

Nach der Aufführung zog ich mich in Karls Zimmer 10

der Nussknacker

---

die Plane, das Zeltdach
prasseln, mit starkem Geräusch aufschlagen

um und erreichte gerade noch den letzten Autobus
nach Reichenhall.

Jetzt will ich zu schlafen versuchen, obgleich mir das
Herz im Halse klopft. Sie heißt Konstanze und morgen
5 werde ich sie wieder sehen. Sie sieht aus wie eine Prin-
zessin und ist – ein Stubenmädchen! *Tatsächlich.* In
einem Schloss in der Nähe von Hellbrunn. Das
Schloss gehört einem Grafen, der mit seiner Familie
auf Reisen ist und der das Haus und die Diener wä-
10 hrend der Festspielzeit an reiche Amerikaner vermie-
tet hat.
    Ein Stubenmädchen? Eher eine *Zofe* aus einer Mo-
zart-Oper!
    Ich gestand ihr, dass ich das Geld für die Tasse Kaf-
15 fee und den Lebkuchen nicht zurückgeben könne. Sie
lachte. Sie hat ein Sparbuch.
    Ich kann nicht schlafen.
    Draußen wird es hell. Ich stehe auf.

                          Salzburg, 22. August, mittags
20 Ich habe den ersten Autobus nach Salzburg benutzt.
Während der Fahrt kam die Sonne hinter den Wolken
hervor und schien auf Reichenhall und Salzburg. Zu
beiden Seiten der Grenze waren die gleichen Berge;
auf beiden Seiten spricht man dieselbe Sprache; hier
25 und dort trägt man die gleiche *Tracht*, die Lederhosen,

---

tatsächlich, wirklich
die Zofe, die Dienerin einer Gräfin
die Tracht, die Kleidung, die man in unterschiedlichen Gegenden trägt

die *Lodenmäntel*, die *Dirndlkleider* und die lustigen grünen Hüte mit den Rasierpinseln. Der einzige Unterschied ist der, dass in Deutschland die Autos rechts, in Österreich dagegen links fahren müssen.

Gleich hinter dem österreichischen Zollamt liegt *5* ein Ort, der Himmelreich heißt. Als ein Bauer beim Schaffner »Himmelreich, hin und zurück« verlangte, klang es viel poetischer, als es gemeint war.

Karl sah ich auf einer der Salzachbrücken. Dort zeichnete er einen *Angler*, der im Fluss auf einem großen *10* Stein stand. Ich wartete, bis er auch mit dem Hintergrund, einer Kirche mit einem hübschen roten Dach, fertig war. In der Zwischenzeit betrachtete ich die Ausländer. Viele von ihnen wollen die Einheimischen in der Tracht *übertrumpfen*. Voll kindlichen Stolzes tragen *15*

der Angler

sie die Kleidung der österreichischen Bauern und Bäuerinnen. Sie tragen *Kropfketten* am Hals, ohne einen Kropf zu besitzen und haben englische Regenschirme über dem Arm.

die Kropfkette

---

der *Lodenmantel*, ein Mantel aus festem Wollstoff
das *Dirndlkleid*, ein bayrisches oder österreichisches Trachtenkleid
übertrumpfen, besser sein

Es stört nicht, es belustigt nur!

In Salzburg dürfen ja auch die Zuschauer Theater
spielen!

Später *bummelten* wir durch die *Gassen*, blickten in
Tore und Höfe hinein, freuten uns über alte Holztrep-
pen, über kunstvolle Handwerks- und Gasthausschil-
der, über bunte Heilige in Haus*nischen*, über heitere
und *fromme Sprüche* unter den Dächern. Wir freuten
uns über alles, was alt war.

Dann stiegen wir zur Hohensalzburg hinauf. Wir
wollten die vielen Türme, Tore und *Wälle*, die man
vom Tal aus sehen kann, aus der Nähe betrachten. Der

---

bummeln, spazieren gehen
die *Gasse*, eine kleine, alte Straße
die *Nische*, eine Vertiefung in einer Hausmauer
fromm, religiös
der *Spruch*, ein kurzer Satz mit einer Lebensweisheit
der *Wall*, eine Schutzmauer an der Festung

Anstieg bot uns viele wechselnde Aussichten auf die
schöne Stadt und die *anmutige* Landschaft. Als wir
oben waren, schauten wir uns gründlich in der alten
Festung um. Karl zeigte mir wichtige Punkte des Pano-
ramas: das Schloss Hellbrunn, den Gaisberg, dessen   5
kleinen Bruder, den Nockstein, die weiße Wallfahrts-
kirche Maria-Plain. Dann setzten wir uns in der
Festungsgaststätte unter einen der großen, bunten
Sonnenschirme.

   Karl, der immer zu essen anfängt, bevor er hungrig   10
ist, bestellte eine Erbsensuppe. Ich aß trotz seiner Pro-
teste aus meiner Reichenhaller Tüte.

   »Ich werde dir heute sowieso noch große Ausgaben
verursachen«, sagte ich.

   »Willst du dir eine Lederhose kaufen?«, fragte er.   15

---

anmutig, hübsch

23

»Ich brauche heute Nachmittag zwei Tassen Kaffee und zwei Stück Kuchen.«

»Seit wann isst du denn zwei Stück Kuchen?« Er schüttelte den Kopf, legte aber *gutmütig* ein Fünf-
5 Schilling-Stück auf den Tisch.

---

gutmütig, hilfsbereit und freundlich

Ich sagte: »Erstens werde nicht ich den Kuchen essen und zweitens will ich kein Bargeld haben. Das wäre möglicherweise gegen die Bestimmungen. Ich muss dich bitten, mit mir ins »Glockenspiel« zu kommen und dem Kellner den Geldbetrag für zwei Tassen Kaffee, zwei Stück Kuchen und das Trinkgeld in die Hand zu drücken. Ich bin ein Habenichts und will es auch bleiben.«

»Und sobald ich dem Kellner das Geld gegeben habe, willst du mich nicht länger zurückhalten!«

»Ich weiß, dass du im Mirabellgarten die steinernen *Zwerge* zeichnen willst. Künstlern soll man nicht im Wege stehen.«

»Deshalb hast du also den Strauß *Alpenveilchen* aus Reichenhall mitgeschleppt«, meinte Karl.

Und ich sagte: »Ich wollte dir nicht auch noch wegen der Blumen Umstände machen.«

Das war unser erstes Gespräch über Konstanze.

der Zwerg

das Alpenveilchen

Reichenhall, am selben Tag, abends

Als sie ins Café kam und mir zulächelte, war die Unruhe der letzten vierundzwanzig Stunden vergessen. Das erste Wiedersehen ist der Richter über die erste Begegnung.

Als Konstanze auf mich zukam, *spürte* ich, dass das

---

spüren, merken

25

Glück diesmal nicht zu vermeiden war. Es musste uns in die Arme laufen.

Sie freute sich über die rosaroten Alpenveilchen. Der Kellner stellte den Strauß in eine *Vase*. Ich erzählte

die Vase

5 ihr, wie erfinderisch ich gewesen war, um den *Gastgeber* spielen zu können. Zum Zeichen ihres Dankes aß sie beide Kuchenteller leer. Auf kein Essen, zu dem ich jemals Frauen oder Freunde eingeladen habe, bin ich so stolz gewesen wie auf den von Karl vorausbezahlten Kaf-
10 fee und Kuchen. Es war wie Weihnachten im August!

Wir sprachen über unbedeutende Dinge: über Kuchen und Autobusverbindungen. Anschließend erzählte sie lustige Geschichten aus ihrem Berufsleben. Solch ein österreichisches, an reiche Amerikaner ver-
15 mietetes Renaissanceschloss sollte einmal von einem Lustspielautor *aufs Korn genommen* werden.

Konstanze ist durchaus nicht *ungebildet*. Sie hat die Handelsschule besucht. Und sie verstand es mir *sachkundig* zuzuhören, als ich ihr von meiner Arbeit erzählte.

20 Die Zeit stand nicht still. Konstanze hatte noch eine

---

der Gastgeber, der Wirt
aufs Korn nehmen, sich lustig machen
ungebildet, unwissend
sachkundig, fachmännisch

freie Stunde und brauchte keine Besorgungen mehr zu machen. So beschlossen wir, Karl im Mirabellgarten zu überraschen. Doch kaum standen wir auf der Straße, als es – wie üblich hier am Ort – zu regnen begann. Wir liefen los und kamen atemlos im Portal des Residenz- 5 schlosses an. Dort schlossen wir uns einer Führung durch die *prunkvollen*, historischen Räume an.

Solche Führungen *entbehren* nie der Komik. Konstanze *kicherte* bereits im ersten Raum. Der Führer warf uns einen bösen Blick zu und ehe er in den nächsten 10 Raum trat, beschlossen wir allein weiterzugehen. Wir ließen ihn und die Besucher vorausgehen und spazierten dann, Hand in Hand, allein und stumm wie in einem *Märchenschloss* von Raum zu Raum. Dann wurde Konstanze *übermütig*. Sie spielte eine Amerikane- 15 rin, die mich für den Führer hielt, und sie verlangte die merkwürdigsten Auskünfte über Bilder, Teppiche, kunstvolle Uhren und was ihr sonst ins Auge fiel.

Ich stellte mich als Museumsdirektor Doktor Galimathias vor und beantwortete ihre Fragen mit 20 *haarsträubendem* Unsinn. Konstanze spricht übrigens ein perfektes Englisch. Was man auf so einer Handelsschule alles lernt! Ich hätte auch hingehen sollen!

Im Schlafzimmer der Erzbischöfe, im ältesten Teil des Residenzschlosses, sahen wir die anderen wieder. 25 Der Führer öffnete eine Tür. Wir blickten in das Inne-

---

prunkvoll, kostbar
entbehren, hier: fehlen
kichern, mit leiser und hoher Stimme lachen
das Märchen, eine erfundene, fantasievolle Geschichte
übermütig, übertrieben fröhlich
haarsträubend, schrecklich

re der Franziskanerkirche! Wir traten auf den Balkon, auf dem die Erzbischöfe früher dem Gottesdienst *beiwohnten*.

Vier gewaltige *Säulen* ragten hinauf bis in das Kirchendach. Unter uns lag der goldene *Altar* mit einer kindlichen Madonna. Um sie und ihr Kind *schwebten* gesunde, vergnügte *Engel*: ein fliegender Kindergarten! Und an den Seiten des Altars standen zwei herrlich bemalte Holzfiguren, der heilige Georg und der heilige Florian. Beide mit blitzendem *Panzer*, hohen *Schnürstiefeln*, *Turnierlanzen* und *Helmen*, auf denen bunte *Pleureusen wippten*. Zwei antike Kämpfer aus der Barock-Oper!

Die Führung war beendet und der Regen hatte aufgehört. Wir gingen noch einmal – jetzt durch das Hauptportal – in die Franziskanerkirche. Wieder bewunderten wir die runden Säulen und den farbenprächtigen, fröhlichen Altar. Dann wanderten wir auf Zehenspitzen durch den ältesten Teil der Kirche. Morgen hat Konstanze keine Zeit für uns beide. Doch übermorgen ist ihr freier Tag. Den wollen wir gemeinsam verbringen. Ich soll das Badezeug nicht vergessen. Hoffentlich kostet das Baden nichts! Die finanzielle Seite dieses freien Tages macht mir Kummer. Oder soll ich Karl als lebendes Portmonee mitschleppen? Lieber bringe ich drei *Rucksäcke* und sechs Thermosflaschen

 **der Rucksack**

beiwohnen, dabei sein
schweben, langsam und ruhig fliegen
wippen, hin und her bewegen

der Altar

die Pleureuse

der Helm

der Engel

die Turnierlanze

der Schnürstiefel

die Säule

der Panzer

aus Reichenhall mit! Meinen Vorschlag, sie solle nach Deutschland mitkommen, lehnte sie ab. Sie will, denke ich, in ihrer eigenen Umgebung bleiben.

In der Haffnerstraße verabschiedeten wir uns. Ich
5 sagte: »Also auf übermorgen, Fräulein Konstanze!« Sie sah mich lächelnd an, gab dem Alpenveilchenstrauß einen kleinen Kuss und rief fröhlich: »*Grüß dich Gott*, Georg!« Dann war sie verschwunden.

Abends waren Karl und ich im Domkonzert. Man
10 spielte die C-Dur-Messe, Opus 86 von Beethoven. In den voll besetzten Stuhlreihen saßen *Mönche*, elegante Frauen, ausländische Pressevertreter, *Priester*, Reisende aus aller Welt, Bauern, Studenten, alte Frauen, Künstler und Offiziere.

der Mönch   der Priester

15 Es war eine *unermessliche* Stille. Die Frommen schwiegen miteinander und wir anderen schwiegen für uns allein.

Man hat diese Kirche den schönsten Dom Italiens

---

grüß Gott, der Gruß in Österreich und in Süddeutschland
unermesslich, sehr viel, sehr groß

auf deutschem Boden genannt. Heute Abend stimmte
es. Als sich die Kapelle, der Chor, die *Orgel* und die
Solosänger zu der gewaltig klingenden Musik Beetho-
vens vereinten, *flatterten* kleine *Fledermäuse* – im
Schlaf gestört – lautlos in der hohen Kirche über unse- 5
ren Köpfen hin und her.

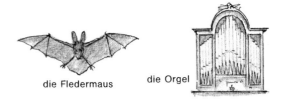

die Fledermaus   die Orgel

Ich schrieb auf einen Zettel, den ich zu Karl schob:
»Hier haben selbst die Mäuse Engelsflügel.« Er *nickte*,
dann versank er wieder im Zuhören.
»Grüß dich Gott, Georg!« hat sie gesagt.   10

Salzburg, 23. August
nachmittags im Tomaselli
An der Grenze kennt man mich armen Reisenden
schon. Heute wollte der Zollbeamte mein Portemon-
nee sehen. Ich sagte der Wahrheit entsprechend, es 15
läge im Schlüsselfach des Hotels Axelmannstein. Er
fragte *besorgt*, was ich täte, wenn ich in Österreich
Durst bekäme. Ich erzählte ihm von meinem *wohltä-
tigen* Freund Karl.

---

flattern, mit schnellen Bewegungen der Flügel hin und her fliegen
nicken, den Kopf auf und ab bewegen
besorgt, voller Sorge
wohltätig sein, mit Geldgeschenken helfen

Karl erwartete mich vor dem »Augustinerkeller« in Mülln. Wir wanderten in die Stadt an dem »Gstätten-viertel« vorbei. Dessen Häuser kleben an den Felsen des Mönchsberges und sind zum Teil in die Felsen
5 geschlagen. Man kann durch die offenen Tore niedrige *Gewölbe* und im Hintergrund sogar Zimmer mit Felswänden erkennen. Es ist nicht ungefährlich hier zu wohnen, obwohl die Häuser durch besonders große Dächer geschützt sind. Trotzdem wurden 1669 zwei
10 Kirchen und eine ganze Häuserreihe vernichtet.

Wir wanderten an der Ursulinerinnenkirche vorbei ins Städtische Museum. Dort schauten wir uns eine Stunde lang die vielen Kostbarkeiten an, bis uns die Augen schmerzten.

15 Das Schönste war für mich der »*Spott*ofen«. Jede *Kachel* des Ofens stellt einen Buchrücken mit einem gelehrten Titel dar. Das Ganze wirkt also wie ein Bücherberg, der verbrannt wird. Und aus den Bücher-kacheln ragt ein kleiner, aufgeregt *gestikulierender* Red-
20 ner heraus. Man weiß nicht recht, ob er *predigt* oder ob er wütend darüber ist, dass man die Bücher verbrennt.

Karl will in den nächsten Tagen das »Monats-schlösschen« bei Hellbrunn zeichnen. Dieses Schlöss-chen war ein spontaner *Einfall* des Erzbischofs Marx Sit-
25 tich von Hohenems. 1615 ließ er es in einem einzigen Monat bauen. Warum? Er wollte einen Besucher, der

---

das Gewölbe, die unregelmäßig geformte Decke eines Raumes
der Spott, scharfe Ironie
gestikulieren, mit Händen und Armen lebhafte Bewegungen machen
predigen, in der Kirche von Gottes Wort sprechen
der Einfall, die Idee

32

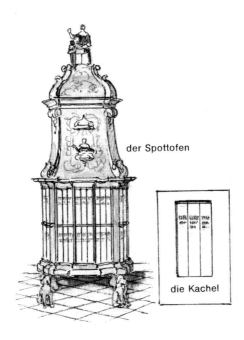

der Spottofen

die Kachel

Salzburg bereits kannte, überraschen! Sonst nichts!
Andere Zeiten, andere Ideen!

Zu Mittag aßen wir auf dem Mönchsberg. Ich nahm
Karls Einladung an und teilte ihm mit, dass er heute
keinen Kuchen und höchstens eine Tasse Kaffee zu   5
bezahlen brauchte und dass er mich morgen überhaupt
nicht sehen würde.

Es tut wohl, wenn Freunde nicht neugierig sind.
Doch das kann auch Interesselosigkeit sein! Er
schwieg.   10

»Wenn es dir recht ist, möchte ich dich übermorgen
Konstanze vorstellen. Sie ist ein herrliches Mädchen. Sie
hat blaue Augen und kastanienbraunes Haar und – «

»Jawohl«, meinte er, »sie sieht *bezaubernd* aus.«

»Du hast uns gesehen?«

»Gestern. Und sie kann gehen! Die meisten Frauen können nicht gehen, sondern haben nur Beine, man weiß nicht recht, wozu.«

»Sie lässt dir für Kaffee und Kuchen danken.«

»Oh, bitte.«

»Morgen hat sie ihren freien Tag.«

»Was hat sie morgen?«

»Ihren freien Tag«, wiederholte ich. »Sie ist Stubenmädchen.«

Da bog sich Karl im Stuhl zurück und lachte so laut, dass die anderen Gäste zusammenschreckten und unfreundlich herübersahen. Ich glaube, ich war rot geworden.

»Wie kannst du denn über so etwas lachen?«, sagte ich.

Als Karl endlich sein nervtötendes Gelächter niedergekämpft hatte, sagte er: »Menschenskind, diese junge Dame ist doch kein Stubenmädchen!«

»Natürlich ist sie eines«, antwortete ich, »außerdem hat sie die Handelsschule besucht und sie spricht besser Englisch als wir beide zusammen.«

»Na schön«, sagte er und zog die Schultern hoch. »Dann kannst du sie ja zum Staubwischen nach Berlin mitnehmen!«

Karl ist manchmal zu dumm!

Reichenhall, 23. August, nachts

Die vorige Notiz schrieb ich heute Nachmittag im Tomaselli, Salzburgs ältestem Kaffeehaus. Es ist sicher

---

bezaubernd, besonders hübsch

fast so alt wie das Kaffeetrinken in Europa. Vorher hatten wir im Mirabellgarten gesessen, zwischen bunten Blumen*beeten*, steinernen Löwen, *Einhörnern*, Halbgöttern und barocken Damen.

das Einhorn

Auf dem Rückweg wurden wir von einem heftigen 5 Regen überrascht. Wir liefen über die Brücke, an dem hübschen Rokoko-Rathaus und am Floriansbrunnen vorbei und hinein in das voll besetzte Café. Im ersten Stock fanden wir schließlich zwei Stühle. Der Regen prasselte gegen die Fenster. Und wir hatten Karten für 10 die »Jedermann«-Aufführung auf dem Domplatz!

Karl las mir die Rückseite der Karte vor: »Bei Jedermann-Aufführungen kann man keinen Ersatz*anspruch* stellen, wenn das Stück wegen *Witterung*seinflüssen nach der 1. Szene unterbrochen werden muss.« 15

Ich sagte: »Wenn wir keine Pressekarten hätten, könnten wir uns heute das Eintrittsgeld zurückzahlen lassen.«

»Seit du kein Geld hast, bist du ein *Geizhals* geworden«, stellte Karl fest. »Übrigens findet die Auffüh- 20

---

das Beet, ein kleines, abgegrenztes Stück Land im Garten
der Anspruch, die Forderung
die Witterung, das Wetter
der Geizhals, ein übertrieben sparsamer Mensch

rung trotzdem statt, und zwar im Festspielhaus.«

Vom Nebentisch sagte ein missvergnügter Herr:

»Die Festspiele sind fast zu Ende und nicht eine einzige Aufführung hat vor dem Dom stattgefunden!
5 Jedesmal hat es geregnet!«

»In Salzburg«, meinte Karl, »regnet es immer mehr als woanders, aber im August regnet es in Salzburg täglich.«

»Weil da die Festspiele sind!« Der Nachbar war auf
10 die Welt böse.

Der Nachbar dieses Nachbarn sagte: »Die Fremden kommen, auch wenn es täglich regnet. Ich vermute, es regnet hauptsächlich, damit die Kaffeehäuser voll werden.« Dann las er weiter in der »Neuen Wiener
15 Zeitung«.

Ich seufzte und erklärte, da ich an Konstanze dachte: »Man hätte Konditor in Salzburg werden müssen!«

Karl sah mich wie ein Arzt an, der den neuen Patienten zum ersten Mal untersucht.
20

Später zogen wir uns in seinem Zimmerchen unsere Smokings an. Und als es Zeit war, eilten wir – vom Regen getrieben – zum Festspielhaus. Die Einheimischen standen trotz des Regens in dichten Reihen und
25 bewunderten wie jeden Abend das Schauspiel vor dem Theater: das Ankommen der Autos, das Aussteigen der kostbar gekleideten Damen, das vornehme Benehmen der Herren und was sich sonst dem Auge bot. In diesem Jahr besuchten die italienische Königin, der
30 König und die Herzogin von Windsor, die Frau des Präsidenten Roosevelt, der amerikanische Sänger Lawrence Tibett, der Maharadscha von Kapurthala, Herr Metro-Goldwyn-Mayer und Marlene Dietrich

das Theater. Und Karl und ich natürlich!

Hofmannsthals »Jedermann«, dieses beste Stück aller Schauspiele, hat mich von neuem überwältigt. Das ist wirklich ein Schauspiel, das jeder versteht, ob er aus den USA, aus China oder von den Fidschi-Inseln kommt. Und es *ergreift* jeden. Die Handlung, die Entwicklung der Hauptperson, die Schuld und die *Gnade*, alles ist überzeugend und ergreift auch den, der kein Wort davon versteht.

Nun hängt mein Smoking wieder in Österreich. Ob Karl die Jacke über den *Bügel* gehängt hat? Versprochen hat er es!

der Bügel

Und morgen ist Konstanzes freier Tag. Ich habe sie vierundzwanzig Stunden nicht gesehen. Mir ist wie einem Kind, das auf Weihnachten wartet.

Der Portier hat mir einen Rucksack *geborgt*. Ich habe ihn mit Wurst, Brot, Butter, Käse, Schokolade, Rotwein und Obst füllen lassen, dass ich morgen wahrscheinlich *zusammenbrechen* und wie ein sterbender Soldat auf der Erde liegen werde.

Seit der Schulzeit bin ich nicht mehr gewandert. Wenn das nur gut geht! Der Mensch ist ein Spielball der Leidenschaften!

---

ergreifen, hier: sehr großen Eindruck machen
die Gnade, das Verzeihen Gottes
borgen, leihen
zusammenbrechen, die Kräfte verlieren

Der freie Tag

Hellbrunn, 25. August, morgens

Nun ist er vorüber, Konstanzes freier Tag! Er ist in die Vergangenheit gesunken, hinunter zu den übrigen, den glücklichen und traurigen Tagen, die nicht zurückkeh-
5 ren.

Ich sitze in einer *uralten* Allee und bin allein. Es ist noch früh und die Morgensonne strahlt auf das Schloss Hellbrunn. – In einem anderen, einem kleineren Schloss, nicht weit von hier, wird Konstanze jetzt die
10 Frühstücks*tablette* die Treppe hinauftragen und an mich denken. Hoffentlich lässt sie kein Tablett fallen. Altes Porzellan ist teuer. Ob sie wie andere Stubenmädchen ein schwarzes Kleid, eine kleine weiße *Tän-delschürze* und auf dem Haar ein weißes *Rüschenhäubchen* trägt?
15 Ich darf nicht vergessen sie danach zu fragen.

das Rüschenhäubchen

die Tändelschürze

das Tablett

Gestern Morgen kam sie nicht als Zofe, sondern als *Amazone*. Ich erwartete sie auf dem Salzburger Residenzplatz. Mein Rucksack war so schwer, dass ich

---

uralt, sehr alt
die Amazone, ein jungenhaftes, sportliches Mädchen

Mühe hatte, nicht auf den Rücken zu fallen. Da kam ein kleines Sportauto um die Ecke. Jemand winkte. Der Wagen bremste. Am Steuer saß ein junges Mädchen und rief: »*Servus*, Georg!«

Ich *traute* meinen Augen nicht. Es war Konstanze. 5 Und ich vergaß vor Überraschung, ihr die Hand zu geben.

»Der alte Graf hat mir vor seiner Abreise erlaubt, den Wagen in wichtigen Fällen zu benutzen. Und«, fragte sie, »ist mein freier Tag nicht ein wichtiger 10 Fall?«

»Ja, ja!«

»Na also!«

»Aber das Benzin?«

»Du vergisst mein Sparbuch.« 15

»Und das Fahren? Hast du das auch auf der Handelsschule gelernt?«

»Nein. Ich brauchte den Führerschein, weil ich die Schwester des Grafen oft spazieren fahren muss. So, nun steig aber ein, bevor dich dein Rucksack zu Boden 20 wirft!«

Ich *verstaute* den Rucksack, setzte mich neben sie und schüttelte ihr die Hand. Sie gab Gas und fort ging es. Um das Wandern war ich also *herumgekommen*.

In den Dorfgärten blühten Blumen. Auf den Wiesen 25 standen Kühe und Pferde. Der Tag wurde heiß. Konstanzes Augen strahlten. Ihr Mund war halb geöffnet

---

Servus!, ein süddeutscher und österreichischer Gruß
trauen, hier: glauben
verstauen, hineinlegen
herumkommen, hier: vermeiden können

und sie sang leise. Wenn ich sie von der Seite ansah, lächelte sie, blickte aber immer geradeaus. Manchmal rief sie mir den Namen eines Ortes zu. Dann sang sie wieder vor sich hin. Schließlich sang ich sogar die
5 zweite Stimme mit.

Wir setzten uns auf einen *Felsblock*, schauten über Berg und Tal und freuten uns, ein Teil dieser schönen Welt zu sein. Ein Segelflugzeug schwebte lautlos wie ein großer, geheimnisvoller Vogel über den Wäldern.
10 Das Gefühl für Zeit hatten wir verloren. Irgendwann fuhren wir an dem blauen Fuschlsee vorbei bis zum Wolfgangsee. Hinter St. Gilgen parkte Konstanze den Wagen auf einem Wiesenweg. Wir liefen zum Ufer, zogen das Badezeug an, sprangen ins Wasser, schwam-
15 men in den See hinaus, lagen hinterher im warmen Gras, bis wir trocken waren und *blinzelten* in die Son-ne. Manchmal fuhren Schiffe mit winkenden und rufenden Touristen vorüber. Aber sonst waren wir mit unserer bunten, *duftenden* Blumenwiese allein.
20 Manchmal *plauderten* wir, manchmal aßen wir aus meinem Rucksack, manchmal küssten wir uns und die *Heimchen* unterhielten uns mit ihrem Konzert. So ähn-lich muss es im Paradies gewesen sein. Natürlich mit dem Unterschied, dass Adam und Eva unartiger waren
25 als wir! Wenn am Abend nicht ein Gewitter gekom-men wäre, lägen wir wahrscheinlich jetzt noch dort. So

---

der Felsblock, ein großer Stein
blinzeln, die Augen schnell auf- und zumachen
duften, gut riechen
plaudern, sich unterhalten
das Heimchen, ein Insekt, das im Sommer hohe und scharfe Töne von sich gibt

aber mussten auch wir zwei aus dem Paradies flüchten. Es wiederholt sich alles!

Der Himmel wurde blutrot. Über den Bergen blitzte das *Schwert* des *Erzengels*. Und kaum hatten wir das Autodach festgemacht, brach das Gewitter los. Der Regen ging wie eine *Lawine* auf uns nieder und der Donner *krachte* wie schwere *Mörser*.

---

das *Schwert*, der *Erzengel*, siehe Zeichnung auf Seite 42
die *Lawine*, der Schneesturz
krachen, donnern
der *Mörser*, hier: eine schwere Kanone

der Schwert

der Erzengel

In Salzburg regnete, blitzte und donnerte es natürlich auch. Wir landeten schließlich im Bahnhofswarteraum und dort blieben wir so lange, bis der Regen aufgehört hatte.

5 Abends waren wir in einem Mozart-Konzert, das der um Salzburg und dessen größten Sohn verdiente Dr. Bernhard Paumgartner dirigierte. Konstanze hatte die Karten von dem Amerikaner, der das Schloss gemietet hat, geschenkt bekommen. Dieser amerikanische Mil-
10 lionär heißt Namarra und besitzt Fabriken, in denen Celophantüten hergestellt werden: Celophantüten für Bonbons, für getrocknetes Obst, für Papierta- schentücher, für *Mandeln*, für Nüsse.

Eine Druckerei hat er auch. Dort werden die ge-
15 wünschten Firmennamen und Reklametexte auf die bestellten Tüten gedruckt.

Wenn man daran denkt, womit manche Leute reich werden, und wenn man weiterhin daran denkt – gera-

die Mandel

de bei Mozart liegt der Gedanke nahe – womit manche Leute arm bleiben, könnte man wütend werden!

Die Abendmusik war ganz herrlich! Man spielte zwei Stücke von dem noch nicht zwanzigjährigen Mozart: eine A-Dur-Symphonie und ein Konzert für Violine mit einem italienischen Virtuosen. Eine Französin sang Lieder von Mozart und zum Schluss spielte man die »Linzer Symphonie«. Leider waren nicht viele Besucher da. Aber unter den Zuhörern war kein *Banause*, der sich an der Theaterkasse erkundigt hätte, ob der Maestro Toscanini den »Jedermann« dirigiere. Nein, die Künstler waren in guter Gesellschaft. Und Paumgartner war ein Dirigent nach meinem Herzen.

Als wir auf dem Residenzplatz ankamen, war der letzte Autobus nach Reichenhall über alle Berge. Wir fragten im »Höllbräu« nach Karl. Er war nicht da. Ich beschloss, auf der Straße zu warten. Konstanze *widersprach* heftig und wollte mir für die Nacht ein Hotelzimmer »kaufen«. Das wollte ich nun wieder nicht. Nach längerem Hin und Her sagte sie: »Dann bleibt nur eins übrig. Du übernachtest im Schloss!«
»Wo denn da?«
»In meinem Zimmer. Auf dem Sofa.«
»Wenn das jemand merkt, verlierst du deine Stellung.«
»Wenn du nicht im Schlaf singst oder um Hilfe rufst, wird man nichts merken.«

---

der Banause, ein ungebildeter, uninteressierter Mensch
widersprechen, dagegen sprechen

»Aber Konstanze! Weshalb sollte ich denn in deinem Zimmer um Hilfe rufen?«

»Sei nicht unartig, Georg!«, sagte sie. »Und morgen früh *schmuggle* ich dich aus dem Haus. Komm!«

Wir fuhren weiter.

Zehn Minuten später schlichen wir wie *Einbrecher* im Schloss des Grafen H. über die Nebentreppe. Es war ganz dunkel und Konstanze führte mich vorsichtig an der Hand. Schließlich öffnete sie eine Tür, schloss lautlos ab und machte das Licht an. Wir waren in einem freundlichen Zimmer. An den Wänden hingen alte Familienbilder und Zeichnungen. Sie zeigte auf ein Sofa. Dann ging sie zum Fenster, das weit geöffnet war, und zog die Vorhänge zu. Sie kam leise zu mir zurück und *flüsterte*: »Du machst jetzt das Licht aus und machst es erst wieder an, wenn ich es erlaube. Nicht vorher! Sonst bin ich böse.«

Ich nickte, machte das Licht aus und stand im Dunkeln. Konstanzes Kleid *raschelte*. Ich hörte, wie sie die Schuhe auszog. Das Bett *knarrte* ein wenig.

»Georg!«, flüsterte sie.

»Ja?«, flüsterte ich.

»Jetzt!«, flüsterte sie.

Im selben Augenblick hörte ich Schritte auf dem Gang. Vor der Tür machten sie Halt.

»Konstanze?«, fragte jemand halblaut, »schläfst du schon?«

---

schmuggeln, unerlaubt und unbemerkt herausbringen
der Einbrecher, ein Mensch, der ohne Erlaubnis in ein Haus schleicht um etwas zu stehlen
flüstern, sehr leise sprechen
rascheln, ein leichtes Geräusch machen
knarren, ein dunkles, vibrierendes Geräusch machen

»Noch nicht, Franzl«, antwortete sie und ihre Stimme zitterte. »Aber ich habe eben das Licht ausgemacht. Schlaf gut!«

»Du auch«, sagte der andere. Die Schritte entfernten sich langsam. Wir schwiegen, bis sie nicht mehr zu hören waren.

»Georg?«

»Ja?«

»Ich glaube, es ist besser, du machst das Licht nicht an.«

»In Ordnung«, sagte ich, »aber wo ist denn nun das Sofa?«

Sie lachte leise. Ich stand in tiefster Dunkelheit zwischen fremden Möbeln und wagte nicht mich von der Stelle zu rühren.

»Georg«, flüsterte sie.

»Ja?«

»Mache bitte zwei Schritte geradeaus!«

Ich folgte dem Rat.

»Jetzt drei Schritte halblinks!«

»Zu Befehl!«

»Und nun einen großen Schritt links!«

Ich machte einen großen Schritt links und stieß mit dem Knie gegen Holz. Aber irgendetwas stimmte nicht. Entweder hatte ich links und rechts verwechselt oder Konstanze hatte sich beim Befehlen geirrt. Ich stand nicht vor meinem Sofa – sondern vor ihrem Bett.

Reichenhall, 25. August, nachts
Am Nachmittag hoffte Konstanze, kurz in den Hellbrunner Park zu kommen. Ich hatte Zeit und sah mir die Sommerresidenz der Salzburger Erzbischöfe in Ruhe an. Das Schloss ist ein sehr schöner Renaissancebau.

Doch die Umgebung des Schlosses ist ein einziger romantischer Spielzeugladen!

An schmalen Flüsschen stehen mechanische Figurengruppen, die durch Wasserkraft in Bewegung gesetzt werden. Volkstümliche und mythologische Szenen wechseln miteinander ab. In *Grotten* hört man gleichfalls durch Wasserkraft erzeugt – künstliche Tier- und Vogelstimmen. Aus dem *Geweih* und aus den Nüstern steinerner *Hirsche* steigen Springbrunnen auf. Ein mechanisches Theater, das eine Szene vor dem Dom mit Orgelmusik und mit hundert sich bewegenden Figuren darstellt, ist das Meisterwerk dieser Wasserspiele.

das Geweih

die Grotte

der Hirsch

der Hocker

Mir machte an einer Stelle des Parks ein steinerner Tisch mit steinernen *Hockern* viel Vergnügen. Denn aus den Hockern schießen plötzlich zahlreiche Wasserfontänen senkrecht empor. Hier mögen die lustigen Gäste früherer Erzbischöfe gesessen und mit ihren »Damen« getrunken und geplaudert haben. Und sobald der gut gelaunte Herr Erzbischof den Dienern einen Wink gab, stiegen aus den Hockern, auf denen die Herrschaften saßen, die Wasserfontänen hoch.

So spielten in Salzburg die vornehmen Leute Theater, doch die Bürger und die Bauern standen nicht hinter ihnen zurück. Sie hatten ihre *Perchtenspiele*. Sie trugen *Masken* und setzten sich meterhohen Schmuck auf den Kopf. Sie gingen auf *Stelzen* und spazierten als komische *Riesen* durch die Dörfer.

Der »Hanswurst«, diese *unsterbliche* Figur, hat in Salzburg seine Heimat. Mozarts Leporello und Papageno sind zwei *wahrhaft* volkstümliche Gestalten der großen, heiteren Kunst.

die Maske

die Stelze

---

das Perchtenspiel, das Dämonenspiel
der Riese, ein sehr großer Mensch
unsterblich, über den Tod hinaus bleibend
wahrhaft, wirklich

47

Im Monatsschlösschen, das auf dem Hügel über dem Hellbrunner Park liegt, sah ich viele schöne Beispiele dieses Spieltriebes.

Karl sah ich übrigens auch hier. Er zeichnete und hatte drei Farbstifte in der Hand und zwei zwischen den Zähnen.

»Vergiss nicht, dass wir heute Abend in den 'Rosenkavalier' gehen!«, meinte ich.

Er blickte auf. »Ah, Herr Doktor! Lebst du noch oder bist du schon verheiratet?«

Verliebte Leute haben, auch wenn es ihrem Wesen widerspricht, keinen Humor. Ich sagte beleidigt: »Lass dich bei deiner *aufreibenden* Tätigkeit nicht stören!«

Karl *schmunzelte.* »Wenn du mich jetzt noch fragst, warum ich nicht fotografiere, statt zu zeichnen, werfe ich dich die Treppe hinunter. Auf frohes Wiedersehen!«

Künstler sind empfindlich! Verliebte sind empfindlich! Ich zog mich zurück.

Konstanze war pünktlich. Wir hatten uns im Hellbrunner Park bei den Grotten verabredet. Sie wurde rot, als wir uns die Hand gaben, und sie sagte, dass sie nur eine halbe Stunde Zeit habe. Dann nahm sie meinen Arm und wir gingen am Schloss*teich* entlang. Ich führte sie zu einer Bank. »Hier habe ich heute früh gesessen«, sagte ich. »Konstanze, ich liebe dich! Ich liebe dich, dass mir alles wehtut! Willst du meine Frau werden?«

---

aufreibend, anstrengend
schmunzeln, breit lächeln
der Teich, ein kleiner See

Sie schloss die Augen für wenige Sekunden. Dann flüsterte sie: »Georg! Georg!« Sie lächelte. »Mir tut ja auch alles weh!«

Sie musste eiligst ins Schloss zurück. Vor morgen Nachmittag sehe ich sie nicht wieder. 5

Am ersten September kehrt die gräfliche Familie zurück. Konstanze mag bleiben, bis man ein anderes Stubenmädchen gefunden hat. Wenn das erledigt ist, muss sie nach Berlin kommen.

Am Abend waren Karl, ich und mein Smoking im 10 »Rosenkavalier«. Merkwürdig! Heute früh schlich ich *heimlich* aus einem österreichischen Schloss. Und als vorhin der Vorhang aufging, versteckte eine Frau – auch in einem solchen Schloss – ihren Geliebten. Meine eigene Salzburger Komödie erkannte ich in die- 15 sem Stück wieder. Ich saß zwar im Zuschauerraum, aber ich war auch auf der Bühne. Das war ein *Erlebnis*, das ich so bald nicht vergessen werde.

Jetzt gehe ich in die Bar, bestelle eine Flasche Sekt und feiere meine Verlobung. Ohne meine Verlobte! Prosit! 20

PS: Meine Sekretärin hat mir meine Post aus Berlin nachgeschickt. Von der Devisenstelle war nichts dabei.

---

heimlich, unbemerkt
das Erlebnis, das Ereignis

Der Blitz aus heiterem Himmel

Reichenhall, 26. August, mittags

Nein, nein, nein! Fünfunddreißig Jahre bin ich alt geworden, ohne ans Heiraten zu denken. Gestern habe ich *Trottel* mich verlobt. Heute ist alles zu Ende.

5 Mit dem ersten Autobus fuhr ich früh am Morgen nach Salzburg. *Anderthalb* Stunden später fuhr ich, völlig durcheinander, nach Reichenhall zurück und stürzte mich in das Schwimmbad des Hotels. Das Wasser war eiskalt und brachte mich wieder zur *Besinnung*.

10 Nun liege ich auf der Badewiese. Das im Hotel angestellte Tanzpaar, der Tennistrainer, seine Frau und andere junge Leute schwimmen, spielen Ball und sind vergnügt. Ich komme mir wie ihr Großvater vor. So alt fühle ich mich seit ein paar Stunden. Ach, wenn es 15 einen Hund gäbe, so groß wie der Kölner Dom – mit einem solchen Hund könnte man Mitleid haben!

Doch nun der Reihe nach:

Ich besuchte Karl und teilte ihm mit, dass er mich ab heute als zukünftigen Ehemann zu respektieren 20 habe. Er gratulierte. Der Glückwunsch klang ein bisschen kühl. Das fiel mir allerdings erst später auf.

Er führte mich in den Peterskeller und bestellte einen Liter Wein. Während wir tranken, erzählte er mir von einem alten Männer*kloster*, von den ersten 25 Bischöfen, von alten Dichtem, von gefährlichen

---

der Trottel, ein dummer Mensch
anderthalb, ein und ein halb
die Besinnung, das ruhige Nachdenken
das Kloster, das Gebäude, in dem die Mönche leben

Krankheiten, und schließlich schleppte er mich auf den alten Petersfriedhof. Dort hielt er mir einen Vortrag über *Grabsteine*, zeigte mir die *Katakomben* und die kleine, in einen Felsen gemeißelte *Kapelle*.

Da riss mir die Geduld. 5

der Grabstein

»Warum schleppst du mich gerade heute hierher?«, fragte ich ärgerlich. »Warum erzählst du mir von Klöstern, gefährlichen Krankheiten und Friedhöfen? Soll ich ins Kloster gehen? Ich bin ein glücklicher Mensch, du Trottel!« 10

Er legte mir die Hand schwer auf die Schulter.

»Mein lieber Georg«, sagte er, »ich war gestern im Mirabell-Kasino und habe beim *Roulettespiel* hundert Schilling verloren.«

»Und?«, fragte ich. »Hast du mich hierher gebracht 15 um mir mitzuteilen, dass du meinen Smoking *versetzt* hast?«

»Ich habe ihn nicht versetzt«, sagte er. »Wenn die zwei jungen Leute neben mir nicht die ganze Zeit gewonnen hätten, wäre ich auf sie nicht aufmerksam 20

---

der Friedhof, der Ort, an dem die Toten liegen
die Katakombe, die Grabstelle unter der Erde
die Kapelle, hier: die Friedhofskirche
das Roulettespiel, ein Glücksspiel im Kasino
versetzen, hier: aus Not verkaufen

geworden. Sie gewannen aber immerzu. Kurz und gut, ich sah mir die beiden näher an. Es waren eine junge Dame und ein junger Mann. Sie trug ein Abendkleid und er einen Smoking.«

5 »Umgekehrt hätte es ja auch keinen Sinn gehabt.«

Karl blieb ruhig. »Der *Croupier* nannte die junge Dame 'Komtesse' und den jungen Mann 'Herr Graf'. Die Komtesse nannte ihren Begleiter 'Franzi' und er nannte sie – oder weißt du schon, wie er sie nannte?«

10 Mir blieb das Herz stehen. Ich sah ihn ratlos an.

»Konstanze?«

»Konstanze.«

Ich griff ihn am Arm. »Karl, war sie es ganz bestimmt?«

15 »Bestimmt«, sagte er. »Ich folgte ihnen, als sie aufbrachen und ich erkannte sie an ihrem Gang. Vor dem Kasino stiegen sie in ein kleines Sportauto. Sie setzte sich ans Steuer. Dann fuhren sie fort.«

»Welche Farbe hatte der Wagen?«

20 »Es war ein schwarzer Zweisitzer.«

Ich nickte. Dann drehte ich mich um und rannte vom Friedhof. Am Residenzplatz stand ein Autobus nach Reichenhall, als ob er auf mich wartete.

Und nun liege ich, ein vornehmer Hotelgast, auf der
25 Badewiese und möchte am liebsten ins Kloster gehen. Meine *Braut*, das Stubenmädchen, ist eine Komtesse! Auch das passt zu meiner Salzburger Komödie! Herr

---

der *Croupier*, der Angestellte im Spielkasino
die *Komtesse*, die unverheiratete Gräfin
die *Braut*, die Verlobte

Georg Rentmeister gestaltete die Figur des Trottels sehr lebenswahr!

Heute Abend reist der Trottel ab!

Die Wendung

Reichenhall, 26. August, abends
Tennis erfordert bekanntlich absolute Konzentration. 5
Man braucht nur den kleinsten Nebengedanken zu
haben und schon macht man die dümmsten Fehler.
Ich spielte wie ein Weihnachtsmann, schlug die leich-
testen Bälle ins Netz, machte in einem einzigen Spiel
nicht weniger als drei Doppelfehler und hatte manch- 10
mal große Lust, den *Schläger* hinter den Bällen herzu-
werfen.

Da setzte sich plötzlich ein junger Mann auf die
Bank vor dem Tennisplatz und schaute mir zu. Ich wur-
de noch nervöser. Der junge Mann hatte einen kleinen 15
Schnurrbart. Als mir ein Ball mit der Rückhand gelang,

der Schläger

der Schnurrbart

53

rief er: »Bravo!« Ich blickte ihn an und ich glaube nicht, dass mein Blick besonders freundlich war.

Er *verbeugte sich* leicht und sagte: »Entschuldigen Sie, mein Herr! Spielen Sie noch lange? Ich muss Sie
5 unbedingt sprechen. Ich habe sehr wenig Zeit.«

»Ich bin bald zu Ihrer *Verfügung*«, sagte ich.

»Ausgezeichnet. Ich muss nämlich sofort nach Salzburg zurück.«

Nach Salzburg zurück? Was wollte er von mir?

10 Ich verlor natürlich das Spiel, gab dem Trainer die Hand und ging zu dem jungen Mann.

»Ich bin Konstanzes Bruder«, sagte er, »ich heiße Franz Xaver Graf H. und werde Franzl genannt.«

Das war der Franzl? Und Franzl war ihr Bruder?

15 »Es freut mich!«

»Auch mich! Wie schon gesagt, habe ich wenig Zeit. Ich muss zu Hause den Abendtisch decken.«

Den Abendtisch decken?

»Ich will Sie nicht aufhalten«, sagte ich.

20 »Wunderbar! Ich bin hier, weil mich Konstanze darum bat und weil zwischen ihr und Ihnen Missverständnisse entstanden sind, die *beseitigt* werden müssen.«

»Meines Wissens gab es keinen Grund, solche Miss-
25 verständnisse überhaupt erst entstehen zu lassen.«

»Die Missverständnisse waren nicht zu vermeiden!«

»Das kann ich nicht *einsehen*.«

---

sich verbeugen, aus Höflichkeit den Kopf nach vorn bewegen
die Verfügung, das Bereitstehen
beseitigen, entfernen
einsehen, verstehen

»Ich bin hierher gekommen, Herr Doktor, um Ihnen das zu erklären.«

»Da bin ich aber neugierig, Herr Graf!«

Der junge Mann *zupfte* an seinem Schnurrbart. »Wir müssen den Ton unbedingt mildern, sonst endet unsere freundschaftliche Unterhaltung damit, dass wir uns mit *Säbeln* auf einer Waldwiese schlagen.«

»Bevor wir uns dazu entschließen, bitte ich Sie, mir *klipp und klar* mitzuteilen, aus welchem Grund Ihr Fräulein Schwester gezwungen war, die Missverständnisse entstehen zu lassen. Wie vorauszusehen war, mussten diese Missverständnisse höchst *unerfreuliche* Folgen haben.«

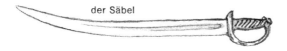

der Säbel

Er nahm meinen Arm und führte mich in den Park. »Konstanze hat Ihnen erzählt, Graf H. sei mit seiner Familie während der Festspiele verreist und habe sein Personal bei den amerikanischen Mietern zurückgelassen. Es ist wahr, dass Amerikaner bei uns wohnen. Es ist nicht wahr, dass wir verreisten. Wir blieben im Schloss. Die Diener verreisten und unsere Familie übernahm ihre Aufgaben. Konstanze wurde Stubenmädchen, ich wurde Kellner, unsere Tante ist die Köchin, Mizzi, unsere jüngste Schwester, hilft der Tante. Und das *Oberhaupt* der Familie, der Herr Vater, ist

---

zupfen, kurz und leicht ziehen
mildern, hier: freundlicher machen
klipp und klar, ganz deutlich
unerfreulich, unangenehm
das Oberhaupt, die Hauptperson

Portier, Empfangschef und Geschäftsführer.«

Ich musste mich auf eine Bank setzen.

»Haben Sie eine Zigarette?«, fragte ich.

Ich bekam Zigarette und Feuer und schaute vor
mich hin.

»Die Idee ist von Papa«, sagte er. »Er schreibt Theaterstücke. Und eines Tages beschloss er, eine Situa-
tionskomödie zu schreiben, die in einem Schloss spielt.
Er wollte den als Dienerschaft maskierten österreichischen *Adel* mit Millionären aus der 'Neuen Welt' vergleichen.«

Franz Xaver Graf H. zündete sich eine Zigarette an.

»Unser Familienoberhaupt hoffte für seine Komödie
Erfahrungen sammeln zu können und seiner Fantasie
damit auf die Beine zu helfen. Er wollte Material für
sein Stück sammeln. Im Frühjahr setzte er uns von seinem Vorhaben in Kenntnis. Wir mussten ihm versprechen mitzumachen und den Mund zu halten. Das Pro-
jekt machte uns sogar Spaß. Schließlich sind wir die
Kinder dieses komischen Herrn. Und wir sind nicht
zufällig in Salzburg zur Welt gekommen.«

»Bestimmt nicht«, erklärte ich.

Er lachte.

»Wie das so ist: An die Hauptsache hatte der Herr
Vater nicht gedacht. Das Stubenmädchen verliebte
sich! In einen Herrn aus Deutschland, der ohne Geld
nach Salzburg gekommen war. Heute Nachmittag fuhr
die Schwester wieder in die Stadt. Sie, mit dem Konstanze sich treffen wollte, waren nicht da. Sie wurde
unruhig und beschloss wieder nach Hause zu fahren.

---

der Adel, die vornehmste soziale Klasse der Bevölkerung

Da stand ein Herr am Nebentisch auf.«

»Karl«, sagte ich.

»Ganz recht. Ihr Freund. Der Maler. Er hatte uns gestern im Kasino beobachtet. Er sprach sie an und erklärte ihr, warum Sie nicht da wären. Sie rief mich an. Ich putzte gerade das Silber. Ich ließ alles stehen und liegen und fuhr ins Café 'Glockenspiel'. Nun bin ich hier und ich wüsste nicht, was ich Ihnen noch zu erzählen hätte.«

Ich drückte ihm die Hand.

»Entschuldigen Sie mein Benehmen, Herr ... «, sagte ich.

»Franzl heiße ich«, sagte er.

»Ich bitte sehr um Entschuldigung, Franzl!«

»Warum denn, Georg? Ich hätte es genau wie Sie gemacht.«

»Wo ist Konstanze? Ich muss sie sprechen. Können Sie mich im Wagen mitnehmen?«

»Im Wagen ist leider kein Platz mehr.«

Franzl *kniff* ein Auge *zu*.

»Der Wagen steht drüben vor dem Hotel.«

Ich sprang auf, rannte mit Riesenschritten durch den Park, durch das Tor, auf die Straße, sah das Auto und sah Konstanze. Sie war blass und hatte Tränen in den Augen. Wir küssten uns und sprachen kein Wort. Die Leute, die an uns vorübergingen, blieben stehen und verstanden die Welt nicht mehr.

»Mein Georg«, flüsterte sie, »dass du mir nie wieder davonläufst!«

»Nie wieder! Nie wieder!«

---

zukneifen, hier: zumachen

»Herzlichen Glückwunsch«, sagte jemand neben uns. Es war der Bruder.

»Ich danke dir schön, Franzl«, sagte Konstanze.

»Hören Sie zu, Georg! Wir machen Ihnen einen
5 Vorschlag. Der erste Sekretär unseres Amerikaners ist gestern abgereist. So ist also ein Zimmer frei geworden. Wir laden Sie nun ein, zwei Tage unser Gast zu sein. Unserem Herrn Vater erzähle ich vorläufig ein Märchen. Die Gebühren bezahle ich in Ihrem Namen.
10 Sobald die Amerikaner fort sind, erzählen wir ihm die Wahrheit. Dann muss er mir das Geld zurückgeben.«

Er lachte vergnügt wie ein Schuljunge.

»Morgen früh kommen Sie als Gast bei uns an, spielen den *Ahnungslosen* und schauen sich unser lebendi-
15 ges Theater aus der Nähe an. Wie vor Jahrhunderten, als die vornehmen Zuschauer auf der Bühne saßen. Warum sollen Sie es nicht auch einmal so gut haben?«

Konstanze drückte meine Hand. »Wenn du nicht kommst, heirate ich einen anderen.«

20 Franzl fuhr fort: »Wegen des alten Herrn können Sie unbesorgt sein. Der merkt nichts. Und wenn er schließlich erfährt, wer Sie sind, wird er Ihnen für die Mitarbeit an seinem Theaterstück dankbar sein und Ihnen seinen väterlichen *Segen* geben.«

25 Er stieg ins Auto.

»Ich komme«, sagte ich.

Konstanze gab Gas.

»Das wird herrlich!«, rief sie.

Sie fuhren los. Ich winkte.

---

der Ahnungslose, der Unwissende
der Segen, die göttliche Gnade, hier: die väterliche Erlaubnis

Dann hüpfte ich vor Übermut auf einem Bein ins Hotel und der Portier fragte besorgt, ob ich mir wehgetan hätte.

---

hüpfen, kurze Sprünge machen

Das Spiel im Schloss

Schloss H., 27. August, abends

Ich sitze in meinem Schloss*gemach* und werde bald zu Bett gehen. Vorher will ich noch eine Zigarre rauchen und ein Glas Burgunder trinken. Der Kellner Franz hat
5 mir eine Flasche auf den Tisch gestellt.

Franzl hatte mich morgens in Salzburg abgeholt. Ich hatte gerade noch Zeit, Karl 'Guten Tag' zu sagen und ihm dafür zu danken, dass er Konstanze und mir geholfen hatte. Dann trennten sich unsere Wege. Karl woll-
10 te noch einmal den wunderbaren Hofbrunnen mit den *prachtvollen* Pferden malen. Ich fuhr mit dem jungen Grafen zum Schloss hinaus.

Konstanze stand »zufällig« auf der *Freitreppe* und machte einen *Knicks*. Sie trug tatsächlich ein kurzes,
15 schwarzes Kleid, eine noch viel kürzere Tändelschürze und ein weißes Rüschenhäubchen.

»Wie heißen Sie, schönes Kind?«, fragte ich.

»Konstanze, *gnädiger Herr*.«

»Warum 'gnädiger Herr'? Sagen Sie nur 'Herr
20 Doktor' zu mir! Das genügt.«

Ich wandte mich an Franzl, der meinen Koffer trug.
»Das gilt auch für Sie, Franzl!«

Das Stubenmädchen machte wieder einen Knicks und sagte: »Wie Sie wünschen, gnädiger Herr Dok-
25 tor!«

---

das Gemach, ein wertvolles Zimmer
prachtvoll, wunderbar
die Freitreppe, eine große, vornehme Treppe
der Knicks, das Beugen des Knies
Gnädiger Herr, eine sehr höfliche, altertümliche Anrede

»Vorsicht!«, sagte Franzl leise.

Im Schlossportal erschien ein groß gewachsener Herr mit grauem Haar. Er verbeugte sich.

»Erlauben Sie mir, Sie willkommen zu heißen. Ich bin der Diener des Grafen und *betreue* zurzeit das ganze Haus. Haben Sie schon gefrühstückt?«

»In Reichenhall.«

»Sehr wohl. Das Mittagessen findet um ein Uhr im 'Gelben Zimmer' statt. Franz wird Ihnen Ihr Zimmer zeigen und das Gepäck nach oben bringen. Hoffentlich fühlen Sie sich bei uns wohl.«

In seinem Gesicht bewegte sich keine *Miene*. Er verbeugte sich und ging ins Schloss.

Franzl zeigte mir mein Zimmer und ging sofort, um den Mittagstisch zu decken. Kaum war er aus der Tür, da klopfte es.

»Herein!«

Es war das Stubenmädchen. Sie fragte, ob sie mir beim Auspacken des Koffers helfen könnte.

»Treten Sie näher, schönes Kind!«, sagte ich.

Ich nahm eine Jacke aus dem Koffer und warf sie ihr zu.

»Wohin hängt ein Stubenmädchen die Jacke?«

»Über das Schlüsselloch, Herr Doktor!«

Beim Mittagessen lernte ich die Amerikaner, die alle als *schmucke* Tiroler ankamen, kennen: den *beleibten* und sehr schweigsamen Celophantütenfabrikanten;

---

betreuen, sich um etwas kümmern
die Miene, der Gesichtsausdruck
schmuck, schön, hübsch
beleibt, sehr dick

seine *hagere* Ehefrau; den zweiten Sekretär, einen dicken Mann mit großen Brillengläsern; den Sohn, einen *stämmigen* jungen Mann, der prinzipiell nur spricht, während er kaut; und die Tochter Emily, eine
5 jener unsentimentalen, bildhübschen, blonden jungen Damen, vor denen man Angst bekommen kann.

Franzl brachte die Speisen herein. Ich glaube übrigens, dass er Angst vor der blonden Emily und ihren blauen Augen hat. Konstanze brachte den Wein. Miz-
10 zi, ihre jüngere Schwester, fuhr die Schüsseln auf einem Servierwagen in das Zimmer. Sie ist ein schlankes Mädchen mit zwei lustigen *Grübchen*.

das Grübchen

Der alte Graf *beaufsichtigte* den *Verlauf* der Mahlzeit und gab der Millionärin, die außergewöhnlich viel wis-
15 sen wollte, *bereitwillig* Auskunft. Emily wollte sich mit mir unterhalten. Das Stubenmädchen Konstanze blickte besorgt herüber. Deshalb zog ich es vor der jungen Dame durch den Servierkellner mitteilen zu lassen, dass ich kein Wort Englisch verstünde. Aber Emi-

---

hager, sehr dünn
stämmig, kräftig gewachsen
beaufsichtigen, Wache halten
der Verlauf, die Entwicklung eines Geschehens
bereitwillig, ohne zu protestieren

ly Namarra scheint Unterhaltungen zwischen zwei Menschen, die einander nicht verstehen können, für besonders interessant zu halten. Zum Glück fuhr die ganze Familie sehr bald in einem riesigen Wagen fort. Und auch am Abend hatten sie es eilig. Sie gingen in 5 »Figaros Hochzeit«.

Am Nachmittag traf ich im Schloss den alten Grafen, der noch keine Ahnung hat, dass ich sein *Schwiegersohn* bin. Wir gingen miteinander über den Hof.

»Sind Sie schon lange auf Schloss H. in Diensten?«, 10 fragte ich *leutselig*.

»Sehr lange, Herr Doktor.«

»Stimmt es, dass Graf H. Theaterstücke schreibt?«

»Das mag schon seine Richtigkeit haben.«

»Wo haben Sie ein so gutes Englisch gelernt?« 15

»In Cambridge.«

Ich lachte. »Sie haben studiert?«

»Graf H., nicht ich. Ich war ihm von seinen Eltern zur Bedienung mitgegeben worden.«

Er bewegte keine Miene. 20

»Schade, dass der Graf auf Reisen ist. Ich hätte ihn gern kennen gelernt, da mich die Meinung deutscher Schriftsteller über den Konjunktiv interessiert.«

»Worüber?«

»Über den Konjunktiv! Das ist die Möglichkeits- 25 form der *Tätigkeitswörter*. Und über den *Optativ*.«

»Aha«, sagte er. »Der Herr Graf wird es sicher

---

der Schwiegersohn, der Ehemann der Tochter
leutselig, übertrieben freundlich
das Tätigkeitswort, das Verb
der Optativ, die Wunschform eines Verbs

63

bedauern, sich mit Ihnen nicht über diese Formen der Verben unterhalten zu können. Interessante Themen liebt er über alles.«

Er hatte sich völlig in der Gewalt und tat, als
5 verstünde er gar nichts.

»Ich könnte vielleicht die Fragen, die mir am Herzen liegen, notieren und Sie könnten ihm diese Notizen geben, wenn er zurückkommt.«

»Eine ausgezeichnete Idee!«

10 »Sie glauben nicht, dass er mir eine solche Bitte *übel nimmt?*«

»Gewiss nicht. Der Herr Graf ist ein sehr höflicher Mensch.«

Ich finde, man soll Schriftsteller, die etwas Besonde-
15 res schreiben wollen, unterstützen. Ich machte also ein besorgtes Gesicht und fragte: »Wo ist der Graf H. eigentlich zurzeit?«

»In Ventimiglia, Herr Doktor.«

»So, so. In Ventimiglia.« Ich *kratzte* mich nachdenk-
20 lich hinter dem Ohr und sagte: »Spätestens morgen muss ich nämlich eine Arbeit über die bayrisch-österreichischen *Idiotika* abschicken. Der Graf könnte mir in dieser Sache bestimmt wichtige Hinweise geben.« Nun tat ich, als hätte ich eine plötzliche Idee: »Das ist ein
25 guter Gedanke! Ich werde mit dem Grafen telefonieren! Seien Sie doch so liebenswürdig und melden Sie am Abend ein Ferngespräch nach Ventimiglia an.«

Er *zögerte* einen kurzen Augenblick. Dann sagte er:

übel nehmen, beleidigt sein
kratzen, mit einem scharfen Gegenstand reiben
die Idiotikum, ein Wörterbuch der verschiedenen Dialekte
zögern, unentschlossen warten

64

»Wie Sie befehlen, Herr Doktor.«

Ich bot ihm eine Zigarre an.

»Danke höflichst. – Ich muss leider ins Büro.«

Er verbeugte sich und ging mit ruhigen Schritten ins Schloss. 5

Beim Abendessen trat er geheimnisvoll neben meinen Stuhl und teilte mir mit, dass der Herr Graf Ventimiglia bereits am Nachmittag verlassen habe. Ich bedauerte das und dankte ihm für sein Bemühen. Konstanze und Franzl blickten ihn und mich *verwundert* 10 an. Sie wussten nichts von unserem Gespräch im Hof und konnten nichts verstehen.

Nachdem die Amerikaner aus dem Haus gegangen waren, spazierte ich in aller Ruhe um das Schloss herum. In einem Fenster zu ebener Erde war Licht. Ich 15 ging vorsichtig näher und blickte in eine *geräumige* Küche. Die ganze 'Dienerschaft' saß am Tisch und aß Abendbrot. Der alte Graf musste ihnen gerade etwas Spaßiges erzählt haben. Das Fenster war offen. Die beiden Schwestern lachten und Franzl sagte: »Papa, ich 20 kann mir nicht helfen, aber ich finde, du hättest in dieser Sache mutiger sein sollen.«

»Wie denn?«

»Du hättest den Doktor ans Telefon rufen können und dann hättest du von einem der Zimmerapparate 25 als Graf H. aus Ventimiglia mit ihm sprechen können.«

»Das wäre gerade das Richtige gewesen! Optativ,

---

verwundert, erstaunt
geräumig, sehr groß

Konjunktiv, bayrisch-österreichische Idiotika! Ich bin
doch – «

»Kein Idiot!«, meinte Mizzi, die jüngere Schwester.

»Kein Schulmeister, wollte ich eigentlich sagen«,
5 korrigierte der Graf.

Neben dem Grafen saß eine *entzückende* alte Dame.
Sie sah aus wie die Kaiserin Maria Theresia. »Schreib
dir wenigstens Franzls Vorschlag auf«, erklärte sie.
»Vielleicht kannst du etwas Ähnliches in deinem
10 Stück verwenden.«

Der alte Herr nickte, zog ein Büchlein aus der
Tasche und machte sich Notizen.

»Ist Doktor Rentmeister eine brauchbare Figur in
dem Stück?«, fragte Konstanze.

15 »Du hast dich wohl in ihn verliebt?« Mizzi beugte
sich neugierig vor.

»Verliebt? Eine ausgezeichnete Idee«, sagte der Graf
und schrieb weiter.

Konstanze lächelte. »Für das Stück?«

20 »*Liebschaften* mit *Stande*sunterschied sind immer
gut!«, behauptete Franzl.

Die Tante Gräfin *erhob sich* und ging zum Fenster.
Da schlich ich leise davon.

Von meinem Zimmer aus kann ich das Salzburger
25 Schloss sehen. Sogar jetzt, am späten Abend. Denn ein
Scheinwerfer, der zu Ehren der Fremden über die Stadt

---

entzückend, sehr hübsch
die Liebschaft, eine kurze, intime Verbindung zwischen Mann und Frau
der Stand, hier: die soziale Klasse
sich erheben, aufstehen

66

67

wandert, hebt dieses alte Schloss aus der Dunkelheit heraus und lässt es in Helligkeit strahlen.

Eben hat es geklopft.

»Wer ist da?«

5 »Das Stubenmädchen, Herr Doktor. Ich möchte fragen, ob der Herr Doktor noch einen Wunsch hat.«

»Gewiss, schönes Kind. Könnte ich einen Gutenachtkuss bekommen?«

»Aber selbstverständlich, Herr Doktor. Unsere

10 Gäste sollen sich doch wohl fühlen!«

Ich öffne die Tür.

Die Tischszene

Reichenhall, 28. August, nachts

Der Vormittag verlief friedlich. Die Sonne schien, der Himmel war blau und ich traf mich mit Karl auf dem

15 Sebastiansfriedhof. Hier liegen Mozarts Vater und Mozarts Frau *begraben* und in der Mitte des Friedhofs steht die Gabrielskapelle, in der Wolf Dietrich von Raitenau, der große Salzburger Renaissancefürst, ruht.

Am Nachmittag schien die Sonne noch immer!

20 Tatsächlich! Nun sind die Festspiele fast zu Ende und das Wetter wird schön. Und so wurde heute zum ersten Mal der »Jedermann« im Freien gespielt.

Konstanze kam in die Stadt um einzukaufen. Wir erledigten gemeinsam ihre Besorgungen und wander-

25 ten dann über die Plätze, die an dem Domplatz, dem Zuschauerplatz des Jedermannspieles, liegen.

---

begraben, in die Erde bringen

Die Stimme des Jedermann klang zu uns herüber. Jedermanns alte, fromme Mutter saß am Residenzplatz in den Kolonnaden und wartete auf ihr *Stichwort*. Auf dem Kapitelplatz standen der »Gute *Gesell*« und die »*Buhlschaft*«. Auch der *Bettler*, der Jedermanns Gewis- 5 sen vergeblich zu bewegen versucht, und die Kinder, die mit Blumenkörben zur Tischszene kommen, waren da. Ab und zu erschien ein *Spielwart* und holte die Schauspieler zu ihrem *Auftritt*.

So war der Tag harmonisch vergangen. Aber bei unse- 10 rem Abendessen brach das Drama aus. Da hatten wir unsere eigene »Tischszene«.

Emily Namarra, die amerikanische Blondine, gab das Stichwort. Sie winkte den alten Grafen an den Tisch und fragte ihn trocken, ob Zärtlichkeiten mit der 15 Dienerschaft im Preis *inbegriffen* seien.

Der alte Herr erkundigte sich erstaunt, was sie zu einer so außergewöhnlichen Frage *veranlasse*. Mit ihrem schneeweißen Finger zeigte sie auf mich und erklärte, dass ich das Stubenmädchen geküsst habe. 20

Der alte Graf sah Konstanze prüfend an. Sie wurde feuerrot. Er blickte erstaunt zu mir herüber. Die Situa- tion war ziemlich peinlich. Dann wandte er sich an die Amerikanerin. Ihre Vermutung, das Küssen sei im

---

das Stichwort, das Kennwort
der Geselle, der Helfer eines Handwerksmeisters
die Buhlschaft, die Liebschaft
der Bettler, ein Mensch, der fremde Menschen um Geld bittet
der Spielwart, der Helfer eines Regisseurs
der Auftritt, die Szene
inbegriffen, eingeschlossen
veranlassen, verursachen

Preis inbegriffen, müsse er energisch abweisen. *Vertraulichkeiten* zwischen den Gästen und der Dienerschaft seien auf Schloss H. höchst unerwünscht.

Zu Konstanze sagte er: »Ehrvergessene Stubenmädchen kann ich nicht gebrauchen. Ich kündige Ihnen zum Ersten des Monats!«

Nun wurde ich böse. »Konstanze, Ehrvergessenheit brauchst du dir von einem Diener nicht *vorwerfen* zu lassen!«

»Mit Ihnen rede ich später«, sagte er würdevoll.

»Tun Sie es gleich«, sagte ich, »später bin ich nicht mehr hier!«

Franzl flüsterte seiner Schwester ein paar Worte zu. Und jetzt fragte sie: »Was soll ich denn tun, Georg?«

»Das wird ja immer besser. Das Stubenmädchen *duzt* die Gäste!« Ich glaube, der Graf war wirklich

---

die *Vertraulichkeit,* hier: das intime Verhalten
vorwerfen, die Handlungsweise kritisieren
duzen, 'du' zu jemandem sagen

entrüstet. »Konstanze, Sie sind ein ... ein *Frauenzimmer*.«

Ich erhob mich und stieß *empört* den Stuhl zurück. »Jetzt ist's aber genug! Konstanze, du verlässt dieses Haus nicht am ersten September, sondern sofort! Packe deinen Koffer! Ich bringe dich zunächst nach Salzburg. Eine Stellung wie hier findest du jeden Tag.« 5

Die Amerikaner folgten unserer *Auseinandersetzung* mit Interesse. Nur der Sohn des Millionärs aß ruhig weiter. Heute schwieg er sogar beim Kauen.

»Ich verbiete Ihnen, über mein Stubenmädchen zu 10 bestimmen«, rief der Graf. »Sie bleibt hier!«

»Sie bleibt nicht hier. Sie ist nicht mehr Ihr Stubenmädchen. *Derartige* Beleidigungen brechen jeden Vertrag.«

---

entrüstet, aufgeregt, schockiert
das *Frauenzimmer*, eine Frau, die viele Liebschaften hat
empört, böse
die *Auseinandersetzung*, ein heftiger Wortstreit
derartig, so, solch

Franzl spielte mit. Er sagte: »Ich fahre Sie in die Stadt.«

»Das wirst du ... « Der alte Graf vergaß fast seine Rolle. »Das werden Sie nicht tun, Franzl! Sonst wird
5   auch Ihnen gekündigt!«

»Aber Leopold«, sagte Franzl, »ich achte Sie viel zu sehr! Ich werde Sie doch nicht *im Stich lassen*. Nein, nein, ich bleibe bei Ihnen!«

Konstanze band ihre weiße Tändelschürze ab und
10   drückte sie dem sprachlosen Vater in die Hand. Dann lief sie aus dem Zimmer.

Es ging alles so schnell, dass der alte Graf überhaupt

---

im Stich lassen, allein lassen

keine Gelegenheit hatte, mit Konstanze ein privates
Wort zu sprechen. Die Amerikaner hängten sich mit
neugierigen Blicken an den alten Grafen. Die Tante
kam, von Mizzi gerufen, verwundert aus der Küche und
war *fassungslos*. Mizzi amüsierte sich, ohne die Zusam- 5
menhänge näher zu kennen. Und Franzl bemühte sich,
das Tempo dieser Szene nicht zu *verschleppen*.

Ehe die anderen die Situation begriffen hatten,
saßen wir, Konstanze, Franzl und ich – aneinander ge-
drückt und von Koffern umgeben – in dem kleinen 10
Auto und fuhren nach Salzburg hinein, durch Salzburg
hindurch, über die Grenze, nach Reichenhall, vor das
Hotel Axelmannstein. Konstanze ließ sich ein Zimmer
geben. Dann tranken wir darauf, dass alles gut enden
möge. 15

Franzl war bester Laune. Er sagte: »Ich verstehe zwar
nichts vom Dichten, aber eines steht fest: Der alte
Herr soll nicht mit lebendigen Menschen experimen-
tieren.«

Konstanze war *mitleidiger*. »Wann willst du Papa die 20
Wahrheit sagen?«

»Um Fehler einzusehen, braucht man Zeit. Vierundzwanzig Stunden muss er *zappeln*.«

Konstanze ist in ihr Zimmer gegangen. Franzl ist
zurückgefahren. Morgen früh wird er anrufen und 25
einen Bericht geben. Ich habe jetzt Hunger. Im Schloss
H. haben wir ja nur die Suppe gegessen!

---

fassungslos, völlig verwirrt
verschleppen, hier: langsam werden lassen
mitleidig, das Unglück eines anderen Menschen bedauernd
zappeln, hier: warten

Das *Interregnum*

Reichenhall, 29. August, nachmittags
Franzl rief uns früh am Morgen an. Sein Vater ist noch
immer unruhig. Gestern Abend war er heimlich in
Salzburg und hat in der ganzen Stadt nach Konstanze
5 gesucht. Er ist sich natürlich darüber klar, dass die
Komödie nicht eine Tragödie werden wird. Aber
immerhin: Eine seiner Töchter ist mit einem völlig
fremden Menschen, der sie für ein Stubenmädchen
hält, weggelaufen! Das will ihm nicht in den Kopf
10 gehen. Und er versteht im Grunde sein eigenes Theaterstück nicht mehr.

Ich bin neugierig, wie das Wiedersehen mit ihm
wird!

Vor dem Mittagessen spielten Konstanze und ich Ten-
15 nis und nach dem Essen mietete ich ein Auto. Wir
fuhren zum Königssee und mit dem Schiff nach St.
Bartholomä. Der Kapitän erklärte uns die herrliche
Landschaft und *blies* schließlich, um das Echo hören zu
können, wunderbar auf einer *Trompete*.
20 Aber noch schöner war die herrliche Fahrt über die
Alpenstraße. Über und neben uns der Watzmann und

die Trompete

---

das Interregnum, hier: die Zwischenzeit
blasen, Luft aus dem Mund stoßen; hier: Musik machen

die anderen Gipfel mit ihrem Schnee. Unter uns grüne
Täler, kleine Dörfer und Bauerngärten. Es war fast zu
schön!

Der *Großstädter*, der die Natur nur in kleinen Mengen
erlebt, ist der Natur in Großausgabe kaum gewachsen! 5

Übrigens welch ein Tag! Eben noch mitten im *ewigen*
Schnee. Jetzt in der Hotelhalle. In zwei Stunden drüben
im Salzburger Dom zu Mozarts »Requiem«. – Karl hat
angerufen. Er hat Karten für uns.

Reichenhall, 29. August, nachts 10
»Wie schön war doch das Leben! ... Heiteren *Sinnes*

---

der Großstädter, der Mensch, der in der Großstadt lebt
ewig, immer dauernd
der Sinn, hier: die Laune

muss man es auf sich nehmen ... So beende ich nun meinen Todesgesang. Ich darf ihn nicht unvollendet lassen.«

Das sind die Worte in einem Brief, den Mozart zwei Monate vor seinem Tod schrieb. Was er nicht unvollendet lassen durfte, war das Requiem. Er vollendete es nicht. Als man am Bett des jungen, sterbenden Mozart die fertigen Teile spielte, brach er in *Schluchzen* aus. »Habe ich es nicht gesagt, dass ich dieses Requiem für mich schreibe?«

In der folgenden Nacht starb er.

Dieses letzte Werk des großen Salzburger Komponisten entstand als Salzburger Komödie! Mozart schrieb das Werk im Auftrag eines großen Unbekannten, der ihm mehrmals einen Diener schickte und ihn *mahnen* ließ, die Arbeit zu vollenden.

Der große Unbekannte war ein Graf Franz von Walsegg. Dieser Graf Walsegg behauptete sein Leben lang ein bedeutender Komponist zu sein. Für diese Idee brauchte er viel Geld. Er gab den Meistern seiner Zeit heimliche Aufträge und unter seinem Namen wurden ihre Werke aufgeführt. Alle wussten, dass er nicht der Komponist war, und doch taten sie, als ob er es wäre. Er brauchte ein Requiem, als seine Ehefrau gestorben war und er ihr einen Totengesang zu komponieren schuldete.

Deshalb schickte er seinen alten Diener zu Mozart und deshalb schrieb Mozart das Requiem.

Graf H., Konstanzes Vater und jener Graf Walsegg

---

schluchzen, stark weinen
mahnen, an eine Verpflichtung erinnern

sind beide von dem gleichen österreichischen Adel und aus derselben komödiantischen Familie!

Kunst und Wirklichkeit, Theater und Leben sind sonst zwei getrennte Gebiete. Hier sind beide ein *unlösbar* Ganzes! 5

Sollte das der Grund sein, dass hier – wie schon die alten Italiener meinten – das Glück wohnt?

Für alle Fälle

Schloss H., 30. August, abends

Früh am Morgen waren wir mit der *Seilbahn* auf den Predigtstuhl gefahren. Kaum standen wir oben, ent- 10 deckte Konstanze einen mächtigen *Bussard*, der im Kreise flog.

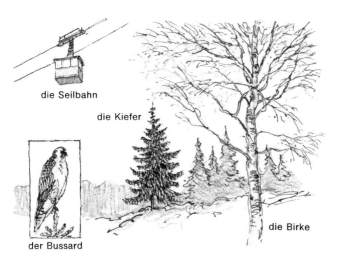

die Seilbahn

die Kiefer

der Bussard

die Birke

---

unlösbar, zusammenhängend

Sie war, als sie den selten gewordenen Vogel sah, ganz begeistert und war lange Zeit nicht von der Stelle zu bringen. Stumm und *verzückt* wie ein beschenktes Kind beobachtete sie seinen Flug. Sie liebt und kennt
5 die Natur, liebt sie wie ich, kennt alle Blumen und ist mit den Tieren in Feld und Wald aufgewachsen.

Eines steht für mich fest: Als Hochzeitsgeschenk bekommt sie von mir keinen kostbaren Ring, sondern ein kleines Bauernhaus. Irgendwo in der Nähe von
10 Berlin. An einem See, in dem sich die *Kiefern* und *Birken* spiegeln.

Mittags rief Franzl an. Konstanze eilte zum Telefon. Als sie zu mir zurückkehrte, war sie blasser als sonst.

»Schlechte Nachrichten?«

15 »Die Amerikaner reisen schon heute ab. Wir sollen gegen fünf Uhr drüben sein. Und du sollst deinen Smoking nicht vergessen.«

Ich sprang auf. »Dein Vater hat 'ja' gesagt?«

»Er weiß noch gar nichts.«

20 »Warum soll ich dann den Smoking mitbringen?«

»Franzl meinte: für alle Fälle.«

Für alle Fälle? Ich musste lachen.

»Aha! Wenn dein Vater einverstanden ist, wird der Smoking ausgepackt, sonst nicht!«

25 »Aber Georg! Wenn Papa nicht einverstanden ist, sage ich ihm doch ... « Sie schwieg.

»Was denn?«

»Dass er *einwilligen* muss, ob er will oder nicht!«

---

verzückt, begeistert
die Kiefer, die Birke, siehe Zeichnung auf Seite 77
einwilligen, die Erlaubnis geben

Plötzlich lief sie in ihr Zimmer. Ich rannte hinterher und legte ein frisches, weißes Oberhemd auf ihren Koffer.

Für alle Fälle.

Auf Schloss H. öffnete diesmal ein richtiger Diener. 5

»Grüß Gott, Ferdl!«, rief Konstanze. »Wie kommen Sie denn so schnell hierher?«

Ferdl nahm mir den Koffer ab. »Der junge Herr hat uns im Auto hierher gebracht.«

»Gut erholt?« 10

»Gut erholt, gnädiges Fräulein.«

In der Halle kam uns Franzl entgegen und konnte vor Lachen nicht reden. Wir hatten mit so einem fröhlichen Empfang nicht gerechnet.

»Entschuldigt!«, meinte er, »aber die Sache ist wirk- 15
lich komisch!«

»Unsere Verlobung?«

»Ach nein!«

Konstanze wurde nervös. »Hast du denn immer noch nicht mit Papa gesprochen?« 20

»Doch.«

»Und?«

»Er war von der anderen Sache so *erschüttert*, dass er nur halb zugehört hat.« Franzl lachte schon wieder.

Ich verstand überhaupt nichts mehr. 25

Franzl schob seine Schwester und mich zu einer Tür und sagte: »Der Papa braucht *Ablenkung*. Unterhaltet euch ein bisschen mit ihm!«

---

erschüttert, im Innersten tief ergriffen
die Ablenkung, die Abwechslung

Konstanze öffnete die Tür, schaute durch den *Spalt* und zog mich zögernd in das Zimmer.

Graf H. saß in einem Sessel am Fenster und nickte, als er uns sah.

5 »Da bist du ja endlich wieder«, sagte er, »du verlorene Tochter!« Er gab mir die Hand. »Und der Doktor, der hübschen Stubenmädchen woanders eine Stellung *verschafft*.«

Konstanze *streichelte* seinen grauen Kopf. »Wir wol-
10 len heiraten, Papa!«

Er lächelte. »Franzl hat mir schon davon erzählt. Aber muss es denn wirklich dieser Berliner Herr sein, der mich mit Ventimiglia und mit dem Konjunktiv ärgern wollte?«

15 »Es muss dieser Berliner Herr sein, Papa«, sagte sie leise.

Er sah mich an. »Bevor ich meine Einwilligung gebe, muss ich Sie bitten mir eine Frage zu beantworten.«

20 »Ich bin zu jeder Auskunft bereit. Mein Einkommen ist nicht *unbeträchtlich*. Mein Gesundheitszustand ist vorzüglich. Mein ... «

Er schüttelte den Kopf. »Ich will etwas anderes wissen.«

25 »Was denn?«

»Was ist der Optativ?«

»Der Optativ ist eine Nebenform des Konjunktivs, die so genannte Wunschform. Die Glückwunschform, Herr Graf.«

---

der Spalt, eine kleine Öffnung
verschaffen, besorgen
streicheln, etwas leicht berühren
unbeträchtlich, unbedeutend

»Aha!« Er erhob sich und sagte: »Möget ihr glücklich werden, liebe Kinder!«

Konstanze fiel ihm um den Hals. Hinter ihrem Rücken schüttelten wir Männer einander die Hände.

»War das der Optativ?«, fragte er.   5

»Das war einer«, sagte ich, »und nicht der schlechteste, Herr *Schwiegervater*. Falls ich Ihre Tochter unglücklich machen sollte, können Sie ja ein Stück über mich schreiben.«

»Bitte, jetzt nicht *frotzeln*!«, meinte er. »Im Augen- 10
blick denke ich überhaupt nicht gern ans Schreiben.«

Er klopfte Konstanze auf die Schulter. »Geh, Kleine! Lass mich mit diesem Herrn mal allein! Ich muss ihm etwas erzählen.«

»Von der Sache, über die Franzl so gelacht hat?«   15

»Dein Bruder ist ein *Rohling*.«

»Darf ich es nicht auch hören, Papa?«

»Nicht aus meinem Mund! In deiner Gegenwart will ich nicht so *blamable* Dinge über mich berichten müssen.«   20

Dann fiel sie mir um den Hals. Anschließend ihm. Dann wieder mir. Frauen haben es leicht. Sie sind fähig ihren Gefühlen Ausdruck zu geben.

Nachdem sie aus dem Zimmer gegangen war, machten wir es uns am Fenster gemütlich. Er bot mir eine 25
Zigarre an. Wir rauchten und schwiegen. Ich spürte, wie mich der alte Herr von der Seite ansah.

---

der Schwiegervater, der Vater der Ehefrau
frotzeln, mit spöttischen Bemerkungen ärgern
der Rohling, ein grober Mensch
blamabel, sich schämend

Endlich sagte er: »Sie haben das Ihre getan, mein Lustspiel zu *fördern*.«

Ich zog an der Zigarre und sagte: »Wir fanden die Idee in der Tat nicht schlecht: Der alte Graf glaubt, die

5 Tochter werde für ein Stubenmädchen gehalten. Einer der Gäste läuft mit ihr weg. Der Graf muss die Tochter *notgedrungen* gehen lassen und bleibt in großer Aufregung zurück. Er findet keine Minute Zeit allein mit ihr zu reden. Mit dieser Situation schließt die vorletzte

10 Szene. In der letzten Szene erlebt die Hauptperson weitere Überraschungen, an denen der Zuschauer sich vergnügen wird. Hier genügt die Einführung einer neuen Nebenfigur und der Heiterkeitserfolg des Stückes ist *gewährleistet*.«

15 »Sie haben vorhin gehört, wie mein Sohn lachte?«

»Jawohl!«

»Da haben Sie's«, meinte er melancholisch, »er war der Zuschauer, der die letzte Szene miterlebt und komisch gefunden hat – ohne eine neue Figur.«

20 »Solche Lustspiele gibt es auch«, sagte ich. »In einem solchen Fall muss die Situation vor dem Schluss allerdings eine völlig neue Überraschung bringen.«

»Das weiß der Himmel! – Stimmt es, dass Sie nur ein wenig Englisch verstehen? Oder ist das auch ein

25 *Beitrag* zu meinem Stück?«

»Mein Englisch ist tatsächlich nicht sehr gut«, erklärte ich.

»Also, letzte Szene: Mister Namarra, der 'Zellephant',

---

fördern, weiterbringen, unterstützen
notgedrungen, gezwungen
gewährleisten, garantieren
der Beitrag, hier: die Unterstützung

wie Mizzi ihn nannte, musste schon heute abreisen. Wegen einer plötzlichen Verabredung in Paris. Wir 'Diener' stellten uns auf die Freitreppe, um unseren *Kratzfuß* zu machen und das Trinkgeld in Empfang zu nehmen. Meine Schwester *sträubte sich* bis zum letzten Augenblick. Dass sie von einem amerikanischen Millionär ein Trinkgeld annehmen sollte, sei nicht mehr komisch, meinte sie. Wir hatten Mühe sie schließlich doch auf die Freitreppe zu schleppen. Endlich standen wir schön nebeneinander: meine Schwester, Mizzi, mein Herr Sohn und ich. Die Amerikaner kamen die Treppe herunter. Wir verbeugten uns. Mister Namarra blieb bei mir stehen. Da sagte er ... Wollen Sie einen Whisky?«

Ich erschrak. »Er bot Ihnen beim Abschied einen Whisky an?«

»Aber nein! Ich frage Sie, jetzt und hier, ob Sie einen Whisky haben wollen.«

»Nein danke. Im Augenblick nicht. Vielleicht ist ein Schluck Alkohol am Ende Ihres Lustspiels *angebrachter*.«

»Also, der Millionär blieb stehen, klopfte mir freundlich auf die Schulter und sagte:

– 'Es war wunderbar bei Ihnen. Und Sie haben Ihre Sache ausgezeichnet gemacht. Ich nehme an, dass es sich um eine *Wette* handelt.'

– Eine Wette? Was meinte er?

---

der *Kratzfuß*, die tiefe Verbeugung
sich sträuben, etwas nicht annehmen wollen
angebracht, passend
die *Wette*, die Verabredung zwischen zwei Menschen zum Beweis, dass eine Behauptung richtig bzw. falsch ist

– Er lächelte und fuhr fort: 'Ich bin viel in der Welt herumgekommen, aber einem Grafen, der so gut Theater spielt, bin ich noch nie begegnet.'

– Seine Tochter lächelte zuckersüß und sagte: 'Auch die übrigen Mitglieder der gräflichen Familie haben sich vorzüglich *bewährt*. Nur nicht Konstanze. Aber so etwas kommt in den besten Familien vor!'

– Der junge Namarra kaute Gummi und sagte: 'Tatsächlich, es war wirklich guter Sport.'

– Die magere Millionärin nickte und sagte: 'Ich hoffe, dass wir den Spielregeln gefolgt sind.'

– Wir vier vom Schloss H. standen wie vom Blitz getroffen. Franzl machte zuerst den Mund auf: 'Seit wann wissen Sie es denn?', fragte er.

– Namarras zweiter Sekretär zog wortlos eine illustrierte Zeitschrift aus dem Mantel und zeigte auf eine Fotografie. Darauf waren ich und meine Familie zu sehen und darunter stand ausführlich, um wen es sich handelte. Die Fotografie gehörte zu einem Bericht über österreichische Schlösser und ihre Besitzer.

– Die blonde Tochter sagte kalt: 'Wir wussten es vom ersten Tage an.'

– Dann stiegen sie alle in ihr Auto. Der Chauffeur *grinste* wie ein Nussknacker. Ich *riss mich zusammen* und trat an den Wagen. 'Mister Namarra, warum haben Sie uns das nicht gleich gesagt?'

– Er beugte sich aus dem Fenster und sagte: 'Wir wollten Ihnen den Spaß nicht verderben!'

---

bewähren, eine Probe gut durchführen
grinsen, breit lächeln
sich zusammenreißen, sich beherrschen

– Dann fuhren sie los.«

Ich gebe zu, dass ich gern gelacht hätte. Doch der alte Herr blickte so *betreten* auf seine Schuhe, dass ich Mitleid hatte. Ich sagte nur: »Jetzt wäre ein Whisky
5 angebracht.«

Er brachte Whisky und Gläser. Wir tranken.

»Sie dürfen ruhig lachen«, meinte er.

Ich widersprach. »Ich *hebe* mir das Lachen bis zur Premiere Ihres Stückes *auf*. Die letzte Szene hat nun
10 genau den richtigen Schluss.«

»Ich bin aber ein *Dilettant*.«

»Ein *Amateur*!«

»Dilettant hin, Amateur her. Ich sollte das Schreiben lieber sein lassen. Mein Sohn hat mir das oft genug
15 gesagt.«

»Aber in Ihrer Komödie ist doch der Amateurschriftsteller die Hauptperson!«, rief ich. »Sie sind der Amateur, der erst erleben muss, was er schreiben will. Das ist doch ein herrliches Thema!«
20 »Ihre Begeisterung in allen Ehren«, sagte der alte Herr, »doch ich glaube, ich sollte mich nach einem anderen Beruf umsehen.«

Der Abschied

Schloss H., 31. August, mittags
Die Verlobungsfeier begann gestern Abend mit der

---

betreten, hier: peinlich, verwirrt
aufheben, hier: warten
der Dilettant, der Mensch, der eine schlechte Arbeit macht
der Amateur, der Mensch, der etwas tut, weil es sein Hobby ist

Feststellung, dass ich den Smoking doch vergessen hatte. Konstanze fuhr mich nach Salzburg. Karl war zwar wieder nicht im Höllbräu, doch der Wirt erlaubte mir, in Karls Zimmer zu gehen und meinen Smoking, meine Krawatte und meine Schuhe zu holen. Dann 5 bummelten wir durch die Straßen.

Die Festspiele sind vorüber. Die meisten Fremden sind abgereist. Salzburg sinkt langsam in seinen *Dornröschen*schlaf, der elf Monate dauern wird. So lange gehört Salzburg den Salzburgern; dann vermieten 10 sie es von neuem.

Wir blieben an den Schaufenstern stehen und ich

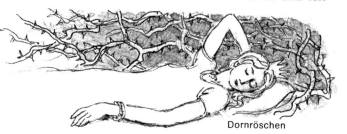

Dornröschen

zeigte Konstanze die alte, goldene Kette, die ich ihr in Gedanken schenkte. Dann ging sie in ein Blumengeschäft und kehrte mit einer weißen Rose für das 15 Smokingknopfloch zurück.

Jetzt sah ich gute Möglichkeiten: Ich ging in den Laden zurück und tauschte die Blume gegen eine kleinere um. Für den Rest des Geldes ließ ich mir ein Veilchensträußchen geben. Dieses *winzige*, dunkelblaue 20 Veilchensträußchen drückte ich ihr in die Hand und sagte: »Das wäre nun also mein Verlobungsgeschenk. Hoffentlich habt ihr so große Vasen!«

winzig, sehr klein

Karl entdeckten wir zufällig in der Rathausapotheke am Markt. Er hatte wieder einmal einige Buntstifte zwischen den Zähnen und zeichnete alte Medizinflaschen und Dosen. Wir liefen in die Apotheke und
5 baten ihn, sofort mitzukommen.

Während der Fahrt erzählten wir ihm das Ende der Komödie. Er sagte zu Konstanze: »Ihr Vater tut mir fast Leid. Ein Lustspiel wollte er schreiben. Eine komische Figur ist er geworden.«

10 Die kleine Feier war zum Glück ganz unfeierlich. Es war Franzl nicht gelungen, die ganze Dienerschaft zurückzuholen und so musste die Tante Gräfin für das Essen sorgen. Nach dem Essen *sagte* Mizzi Schillers »Glocke« *auf*. Dieses Riesengedicht weist immerzu auf
15 die Freuden des Braut- und Ehestandes hin und die kleine *Schwägerin versäumte* nicht, bei den wichtigen Stellen den Finger zu heben. Ferdl, der alte, treue Diener, *soufflierte* und Franzl machte respektlose Zwischenbemerkungen. Konstanze hatte das Veil-
20 chensträußchen vor sich stehen und trug ein rotes Abendkleid.

Der alte Herr hielt die Festrede. Er sprach von der Entstehungsgeschichte der Verlobung, ließ es an Selbstironie nicht fehlen und gab offiziell bekannt,
25 dass er das dramatische Handwerk nun aufgegeben habe. – Schade, dass er nicht so amüsant schreibt, wie er plaudert. – Zum Schluss schenkte er mir irgendwo in

---

aufsagen, ein Gedicht auswendig vortragen
die Schwägerin, die Schwester der Ehefrau
versäumen, nicht tun
soufflieren, zuflüstern

88

Österreich ein Stück Wald und ein Haus.

Ich dankte ihm für die Tochter und für das Stück Wald mit Haus, lehnte beides jedoch ab, da ich wegen der internationalen Devisenbestimmungen nicht *befugt* sei, ausländische *Liegenschaften* anzunehmen. Konstanze, sagte ich, könnte ich zwar nach Deutschland einführen, aber den Wald und das Haus nicht. Das konnte er verstehen. Da er etwas Gutes für mich tun wollte, bat Konstanze ihn, mich auf der Heimreise bis nach München begleiten zu dürfen. »Wegen der Verlobungsringe«, sagte sie.

Graf H. erklärte sich damit einverstanden.

Morgen früh fahren wir.

Konstanze muss am 2. September zurück sein, weil dann die ganze Familie – wie jedes Jahr – nach Meran reist.

Schloss H., 31. August, nachts
bzw. 1. September, morgens

Wir wollten uns gar nicht *betrinken*! Wir wollten nur von Salzburg und voneinander Abschied nehmen, Karl und ich. Wir bummelten über die herrlichen Plätze und durch die alten, geheimnisvollen Gassen. Es war eine märchenhafte Sommernacht. Manchmal schien der Mond, manchmal nur eine *Laterne*, und uns war beides recht.

Wir gingen durch das bezaubernde Salzburg. Wir

---

befugt, die Erlaubnis haben
die Liegenschaft, der Besitz eines Stück Landes
bzw., beziehungsweise
sich betrinken, zu viel trinken
die Laterne, siehe Zeichnung auf Seite 90

die Laterne   der Lampion   der Maßkrug

standen schweigend vor den silberglänzenden, *rau-schenden* Brunnen – und gerade das hätten wir nicht tun sollen!

Weil die Brunnen rauschten, bzw. weil dieses Rau-
5 schen eine akustische Wirkung hat, weil die Flüssigkeit sich bewegt, weil ... Kurz und gut: Wir bekamen Durst und in einer italienischen Weinstube fing es an. Mit Asti und Chianti.

Nein, zuerst waren wir im Peterskeller und tranken
10 Prälatenwein. Eigentlich eine ganz leichte Sache! Vielleicht hätten wir den Whisky nicht trinken sollen, den wir in einer Bar gegenüber zu uns nahmen. Oder die Gläser Martini, zu denen uns ein Amerikaner ein-lud. Wir mussten mit dem Amerikaner auch ins »Casi-
15 no« gehen. Karl bestellte eine Flasche Sekt, aber was ist eine Flasche Sekt geteilt durch drei Männer? Aus diesem Grunde tranken wir noch eine Flasche.

Karl und ich gingen dann an die frische Luft. Hier-bei *gerieten* wir auf die Straße nach Mülln und in den
20 Augustinerkeller. – Ein paar Gläser Bier können nie

---

das Rauschen, das gleichmäßige und dunkle Geräusch des Windes, des Wassers und der Bäume
geraten, kommen

schaden! Am wenigsten in warmen, schönen Sommernächten, unter *Lampions*, in einem alten Wirtshausgarten. Biergläser waren es eigentlich nicht, sondern große *Maßkrüge*. Und am Tisch saßen Leute, die etwas von Bier verstanden! Und über uns der dunkelblaue Sternhimmel und der Mond!

Auf dem Rückweg haben wir dann gesungen. Karl *hakte sich* bei mir *unter* und sagte: »Damit du nicht fällst!« Aber eigentlich wollte er sich nur an mir fest halten. Er ist ein lieber Mensch, aber er gehört leider zu den Leuten, die nie zugeben wollen, dass sie betrunken sind.

Ich bin da anders. Wenn ich einen *Schwips* gehabt hätte, hätte ich es ohne Zögern zugegeben. Ich hatte aber keinen Schwips! Es hätte natürlich ebenso gut umgekehrt sein können, aber es war nicht umgekehrt!

Dann blieb Karl plötzlich stehen, breitete die Arme aus und rief: »Hic habitat felicitas!«

Ich fragte: »Wer wohnt hier?«

»Felicitas«, sagte er.

»In diesem Haus dort drüben?«, fragte ich.

»Oh«, sagte er nur.

Was wir dann gemacht haben, weiß ich nicht mehr. Ich vermute, dass wir weitergegangen sind. Richtig! Im Mirabellgarten, bei den Zwergen, hielt Karl eine Rede! An die steinernen Zwerge! Ja, so war es!

»Meine Herren Zwerge«, sagte er, »Sie kennen Salzburg länger als wir. Sie haben die Damen gekannt, die

---

sich unterhaken, mit jemandem Arm in Arm gehen
der Schwips, der Zustand des Betrunkenseins

in diesem schönen Garten mit den Herren Kirchenfürsten *lustwandelten*. Sie haben Mozart gekannt, als er
noch bei seinem Papa Klavierstunden hatte. Sie werden sich fragen, warum ich mich an Sie wende, meine
5 Herren ... « Karl klopfte einem der Zwerge auf die
Schulter. »Sie können Ihrer schönen Stadt einen großen Gefallen tun. Wenn einmal jemand vom Festspiel-
komitee hierher kommen sollte, so bestellt ihm einen
schönen Gruß von mir ... «
10 »Von mir auch!«, rief ich.
»Und sagt ihm, Österreich habe so viele große Männer gehabt ... «
»Das weiß doch der Zwerg schon!«
»Aber warum spielt man nicht noch mehr Mozart?
15 Warum stattdessen ... «
»Woher sollen denn die Zwerge das wissen?«, sagte
ich ärgerlich.
»Habe ich nicht Recht?«, fragte er.
»Natürlich hast du Recht«, meinte ich. »Außerdem
20 soll man Betrunkenen nicht widersprechen.«
»Ich sollte betrunken sein?«
»Warum 'sollte sein'? Du bist es!«
»Ich bin *nüchtern* wie ... wie ... « Er fand keinen
Vergleich für den Grad seiner Nüchternheit. »Aber du
25 bist betrunken!«, rief er.
»Ich war noch nie so nüchtern wie heute!«, sagte ich.
»Ich auch nicht!«
»Dann möchte ich die beiden Herren einmal
betrunken sehen«, sagte jemand hinter uns.

---

lustwandeln, spazieren gehen
nüchtern, nicht betrunken

Ich erschrak.
Aber es war kein Zwerg.
Es war ein Polizist.

Die Heimkehr

Im Schlafwagen München-Berlin,
2. September, nachts 5
In drei Minuten hält der Schnellzug Salzburg-Meran in
Innsbruck. Dann wird Konstanze die Augen fest zuma-
chen und an mich denken. Und ich werde dasselbe
tun. Ich werde an sie denken! Wir haben das, als sie
heute früh in München abfuhr, so verabredet. 10
   Noch zwei Minuten!
   Morgen früh ist sie in Meran. Und ich bin wieder in
Berlin. Sie wird am Nachmittag nach San Vigilio hin-
auffahren und ich werde über den Kurfürstendamm
spazieren. 15
   Noch eine Minute!
   Jetzt ist es so weit! Jetzt fährt ihr Zug in Innsbruck

ein. Jetzt hält er. Jetzt lächelt sie und macht die Augen zu um an mich zu denken. Und nun mache auch ich die Augen zu.

Berlin, 3. September, vor Mittag
5 Ich habe gerade mit Konstanze telefoniert. Ihr Vater ist damit einverstanden, dass die Hochzeit zu Weihnachten ist.

Hochzeit unter dem Weihnachtsbaum in Salzburg! Das ist fast eine Sensation!

10 Berlin, 3. September, etwas später
Eben hat mir meine Sekretärin die Post ins Zimmer gebracht. Es ist ein Schreiben der Devisenstelle dabei.

Die Devisenstelle teilt mit, dass sie mein Gesuch für eine Sommerreise nach Salzburg nun *genehmigt* habe.

---

genehmigen, bewilligen

Fragen

1. Welche Schwierigkeiten gab es 1937 beim Grenz-
   übergang zwischen Deutschland und Österreich
   und worauf sind diese Verhältnisse zurückzuführen?

2. Welchen Ursprung haben die Salzburger Festspiele
   nach Ansicht des Verfassers?

3. Warum spielt der alte Graf H. in dieser Erzählung
   eine wichtige Rolle und warum kann man ihn mit
   dem Grafen von Walsegg vergleichen?

4. Welche Beziehungen haben der »Rosenkavalier«
   und das »Jedermann«-Spiel zu den Erlebnissen
   Georg Rentmeisters?

5. Auf welche Weise helfen Georg Rentmeister,
   Franzl und Konstanze dem alten Grafen H. bei
   seinem Lustspielprojekt?

Weitere Übungen und Anregungen
unter www.easyreaders.eu

EASY READERS *Dänemark*
ERNST KLETT SPRACHEN *Deutschland*
ARCOBALENO *Spanien*
LIBER *Schweden*
EMC CORP. *USA*
PRACTICUM EDUCATIEF BV. *Holland*
EUROPEAN SCHOOLBOOKS PUBLISHING LTD. *England*
WYDAWNICTWO LEKTORKLETT *Polen*
KLETT KIADO KFT. *Ungarn*
NÜANS PUBLISHING *Türkei*
ALLECTO LTD. *Estland*

Ein Verzeichnis aller bisher erschienenen EASY READERS
in deutscher Sprache finden Sie auf der vorletzten
Umschlagseite.
Diese Ausgabe ist gekürzt und vereinfacht und ist damit für
den Deutschlernenden leicht zu lesen.
Die Wortwahl und der Satzbau richten sich - mit wenigen
Ausnahmen - nach der Häufigkeit der Anwendung und
dem Gebrauchswert für den Leser.
Weniger gebräuchliche oder schwer zugängliche Wörter
werden durch Zeichnungen oder Fußnoten in leicht
verständlichem Deutsch erklärt.
EASY READERS sind unentbehrlich für Schule
und Selbststudium.
EASY READERS sind auch auf Französisch, Englisch, Spanisch,
Italienisch und Russisch vorhanden.

EASY READERS BISHER ERSCHIENEN:
Johanna Spyri: Heidi (0)
Gottfried August Bürger: Münchhausens Abenteuer (A)
Michael Ende: Lenchens Geheimnis (A)
Ursula Fuchs: Wiebke und Paul (A)
Peter Härtling: Ben liebt Anna (A)
Erich Kästner: Mein Onkel Franz (A)
Erich Kästner: Das doppelte Lottchen (A)
Siegfried Lenz: Lotte soll nicht sterben (A)
Inge Meyer-Dietrich: Und das nennt ihr Mut? (A)
Jo Hanns Rösler: Gänsebraten und andere Geschichten (A)
Heinrich Spoerl: Man kann ruhig darüber sprechen (A)
    Till Eulenspiegel (A)
August Winnig: Das Römerzimmer/Der Schneider von Osterwyk (A)
Brigitte Blobel: Das Model (B)
Gerhard Eikenbusch: Und jeden Tag ein Stück weniger von mir (B)
Hans Fallada: Erzählungen (B)
Thomas Fuchs: Alleingelassen (B)
Peter Härtling: Paul, das Hauskind (B)
Marie Luise Kaschnitz: Kurzgeschichten (B)
Krystyna Kuhn: Bittersüßes oder Saures (B)
Erich Kästner: Emil und die Detektive (B)
Siegfried Lenz: Das Feuerschiff (B)
Usch Luhn: Blind (B)
Hansjörg Martin: Kein Schnaps für Tamara (B)
Gudrun Pausewang: Die Wolke (B)
Herbert Reinecker: Der Kommissar lässt bitten (B)
Andreas Schlüter: LEVEL 4: Die Stadt der Kinder (B)
Inge Scholl: Die Weiße Rose (B)
Heinrich Spoerl: Der Gasmann (B)
Otto Steiger: Einen Dieb fangen (B)
Friedhelm Werremeier: Zwei Kriminalstorys (B)
Christoph Wortberg: Novembernacht (B)
Brigitte Blobel: Eine Mutter zu viel (C)
Thomas Brussig: Am kürzeren Ende der Sonnenallee (C)
Susanne Clay: Der Feind ganz nah (C)
Jana Frey: Sackgasse Freiheit (C)
Albrecht Goes: Das Brandopfer (C)
Erich Kästner: Drei Männer im Schnee (C)
Siegfried Lenz: Lehmanns Erzählungen oder So schön war mein Markt (C)
    So zärtlich war Suleyken (C)
Hansjörg Martin: Die lange, große Wut (C)
Angelika Mechtel: Flucht ins fremde Paradies (C)
Barbara Noack: Die Zürcher Verlobung (C)
Gudrun Pausewang: Du darfst nicht schreien (C)
Otfried Preußler: Krabat (C)
Herbert Reinecker: Fälle für den Kommissar (C)
Luise Rinser: Die Erzählungen (C)
Rosemarie von Schach: Tochterliebe (C)
Sybil Gräfin Schönfeldt: Sonderappell (C)
Gregor Tessnow: Knallhart (C)
Stefan Zweig: Novellen (C)
Heinrich Böll: Erzählungen (D)
Erich Kästner: Der kleine Grenzverkehr (D)

Auf Grund gewisser Copyright-Bestimmungen sind einige
der oben genannten Titel nicht in allen Ländern erhältlich.
Bestellen Sie bitte den Easy Reader Katalog bei Ihrem Verleger.